AF573519

LES

PRISONS PAPALES

LES PRISONS PAPALES

PAR

J.-B. CHARLES PAYA

> Pour que tout châtiment ne soit pas un acte de violence exercé par un seul ou par plusieurs contre un citoyen, il doit essentiellement être public, prompt, nécessaire, proportionné au délit, dicté par les lois, et le moins rigoureux possible dans les circonstances données.
>
> BECCARIA.

SECONDE ÉDITION.

PARIS
CHABOT-FONTENAY, LIBRAIRE-ÉDITEUR,
32, RUE NOTRE-DAME-DES-VICTOIRES, 32.

1861

LES

PRISONS PAPALES

> Pour que tout châtiment ne soit pas un acte de violence exercé par un seul ou par plusieurs contre un citoyen, il doit essentiellement être public, prompt, nécessaire, proportionné au délit, dicté par les lois, et le moins rigoureux possible dans les circonstances données.
>
> BECCARIA.

I

L'avocat et docteur Vincent de Tergolina, dont nous allons raconter les souffrances, naquit à Venise, d'un père aimé et respecté de tous, et qui exerça, durant quarante-cinq années, les fonctions de juge dans les provinces de Padoue, de Vicence et de Venise. Quoique son nom ait eu peu de retentissement en France, celui qui devait être un martyr du Pape fut peut-être l'ami le plus intime de l'illustre Manin.

Après des études préliminaires, faites sous la direction de prêtres catholiques-romains, les révérends G.-B. Pozza, Louis Smiderla, H.-B. Scortegagna, et Louis Bologna, le jeune Vincent alla passer cinq années dans le séminaire renommé de Padoue; et ce fut dans la célèbre université de la même ville qu'il acquit le grade de docteur en droit civil et canonique. Bientôt après, ses aptitudes et ses talents le faisaient nommer membre du Collége politique-légal, et de divers instituts scientifiques. En même temps, comme il connaissait leur importance dans les relations sociales, Tergolina étudiait assidûment les langues modernes.

II

Parmi les hommes qui, dès sa première jeunesse, lui donnèrent les plus utiles conseils pour se conduire dans la vie, notre docteur cite lui-même (1), avec reconnaissance, le baron Jérôme Trevisan, ancien président de la cour d'appel de Venise; le général marquis Manfredini, gouverneur de feu l'empereur François Ier; le capitaine anglais Astolfe Astolfi; la marquise de Moncade, grande d'Espagne; et l'Italien baron des Orefici, président du tribunal suprême autrichien.

III

Retourné de Padoue à Venise, Vincent de Tergolina fut, comme son père, nommé juge. Cette charge délicate il l'occupa vingt ans environ dans diverses provinces de la Vénétie; et comme il ne prit jamais, pour ses arrêts, d'autre guide que sa conscience, il ne cessa de jouir de l'estime de ses compatriotes, malgré leur hostilité pour le maître qu'il servait. Pendant sa magistrature, notre héros se maria et devint père de huit garçons, qui seront, quand viendra le jour des épreuves, autant de victimes de ses malheurs.

IV

Le 17 mars 1848, Tergolina, qui était encore juge à Venise, se rendait à sa salle d'audience pour les affaires civiles, quand, vers les onze heures du matin, un bruit insolite et de grands cris de fête l'excitèrent à s'approcher d'une fenêtre qui avait vue sur la mer. Le jour brillait de tout son éclat. Bientôt parut le bateau à vapeur habituel, qui vint jeter l'ancre près de la petite place de Saint-Marc. Il était couvert de gens affolés, poussant des cris de joie, levant leurs

(1) *Quatro anni nelle prigioni del s. Padre;* avec cette épigraphe tirée de Shakespeare : « La vérité est incroyable, plus incroyable que la fable. »

chapeaux en l'air, agitant leurs mouchoirs, et annonçant à la foule empressée sur le rivage, que l'empereur d'Autriche venait d'accorder une Constitution. Cette nouvelle était alors regardée comme certaine, quoiqu'elle ne dût point se vérifier.

V

Le 27 février précédent, le Pape avait publié une encyclique entièrement favorable à la libération de l'Italie ; il devait, le 20 avril suivant, faire une autre encyclique bien différente de la première, et rendre victimes les imprudents qui avaient eu confiance en son libéralisme ; mais, en attendant, tous les cœurs s'ouvraient à l'espérance d'un meilleur sort. Tergolina ne fut pas le dernier à se bercer d'illusions. Il salua avec amour ce qu'il croyait une ère nouvelle. Quel fut le réveil de son rêve ? Nous le dirons après avoir parlé d'une célébrité qui doit maintenant intervenir dans ce récit.

VI

Daniel Manin était né à Venise comme Vincent de Tergolina. Les deux jeunes gens s'étaient connus de bonne heure et ils étaient devenus amis. Ils s'étaient trouvés ensemble à l'université de Padoue, où le premier avait passé docteur dans l'une et l'autre loi quelques années avant le second. Tous deux aimaient la patrie, tous deux souffraient pour elle, tous deux déploraient ses malheurs et sa longue oppression.

Ses grades acquis, Manin devint bientôt un des premiers avocats de Venise, et il s'acquit une grande renommée dans toutes les classes, par sa libéralité de pensée et d'action.

En novembre 1847, dégoûté entièrement de la nature despotique de certaines lois, l'ami de Tergolina écrivit de courtes observations à l'empereur d'Autriche, dans lesquelles il lui disait « qu'il était né- » cessaire de faire quelque chose pour l'Italie, de faire vite, et de » faire bien. » Cette hardiesse valut à son auteur d'être emprisonné au *Pont-des-Soupirs*, où devait être bientôt après conduit aussi le grand littérateur Tommaseo, pour avoir écrit quelque chose du même genre.

VII

Manin était là depuis trois mois lorsque, le 17 mars, l'autorité ayant démenti la nouvelle de la constitution accordée, une insurrection populaire éclata. Elle commença de la manière la plus anodine. Des troupes autrichiennes s'étant présentées sur la grande place de Saint-Marc, quelques enfants, qui avaient appris de leurs pères à les haïr, jetèrent sur les soldats des écorces d'orange. D'autres enfants les imitèrent, les hommes ne tardèrent point à se mettre de la partie, et un tumulte général succéda. Les troupes se voyant entourées par des flots de peuple, ne se bornèrent pas à faire effort pour sortir de la mêlée : elles firent une décharge générale, assaillirent ensuite leurs agresseurs, et en blessèrent quelques-uns pendant que les autres fuyaient. Peu de temps après, le peuple ayant paru se calmer, les troupes se rétirèrent.

VIII

Mais c'était seulement la première scène du drame. Le peuple avait entendu dire que l'empereur d'Autriche avait promis une constitution, et il savait bien aux efforts de qui il devait attribuer cette promesse : à celui qui avait exhorté le tyran de Venise « à faire vite, et à faire bien. » Voilà donc, peu d'heures après, le peuple en complète révolution. Il court au Pont-des-Soupirs. Arrivé là, il crie d'une voix furibonde qu'il veut voir dehors son ami, son compatriote, son libérateur. Personne ne bougea. Alors le peuple se mit à abattre les grilles et les portes de la prison, avec des pierres énormes et des leviers de fer. Tout céda à ses efforts, et les plus intrépides se trouvèrent bientôt en présence du prisonnier.

IX

Les insurgés voulurent arracher Manin à son cachot; mais Manin, nouveau Socrate, refusa d'adhérer à leurs prières, disant qu'il ne voulait point être délivré par la violence, et que la même autorité qui l'avait fait enfermer devait aussi donner l'ordre de sa libération. Quand les chefs du parti national virent que tous leurs efforts échoueraient devant une telle résolution, ils se rendirent en toute hâte chez l'autorité compétente, le tribunal criminel. Celui-ci voyant l'attitude du peuple, ne se fit pas longtemps prier pour remettre une ordonnance de mise en liberté, non seulement pour Manin, mais encore pour Tommaseo. Il la fonda sur l'insuffisance de titres à procéder criminellement contre les deux illustres captifs. Alors Manin consentit à sortir. Le peuple le plaça sur une partie de la porte qui l'avait tenu prisonnier, et quatres hommes vigoureux, le hissant sur leurs épaules, le portèrent en triomphe, avec de grands cris de joie, jusqu'à la place Saint-Marc, où était la résidence du gouverneur. Après lui venait Tommaseo, porté et exalté de la même manière. Manin fut alors prié de prendre la direction de la chose publique.

X

Les provinces vénitiennes avaient en ce temps là pour gouverneur le comte Palfi. Quelques mois avant l'emprisonnement de Manin et de Tommaseo, ce bourreau blasonné avait osé dire avec autant d'imprudence que d'impudeur : « L'Italie a une forte inflammation : » 180,000 soldats sont nécessaires pour lui tirer du sang. » Le peuple vénitien n'oublia point ces horribles paroles ; et son aversion pour celui qui les avait proférées s'était montrée par des signes qu'on ne pouvait méconnaître. Prévoyant quelque événement grave, le comte Palfi, depuis plusieurs mois déjà, avait jugé prudent d'éloigner de Venise sa famille. Ses craintes se réalisaient. Le peuple, par l'intermédiaire de personnages recommandables, entre autres le célèbre avocat Avesani, intima au gouverneur de céder son poste, qu'il voulait donner à Manin. Le comte allait refuser, quand ont le fit souvenir des paroles prononcées par lui dans un moment d'orgueil féroce. On ajouta que l'Italie, au lieu de se laisser tirer du sang, voulait se défaire de ceux qui causaient son inflammation et l'avaient tant menacée. Se relâchant alors, mais avec les marques évidentes d'un ressentiment intérieur, le gouverneur dit qu'il voulait avant tout conférer avec le prince Zichey, commandant de la ville et forteresse de Venise. Le prince fut mandé, et le comte, en présence d'Avesani et des autres personnes qui le sommaient, insista pour ne pas céder ; mais le prince lui démontra tous les inconvénients qui pouvaient résulter d'un refus, et il parvint à le convaincre de se désister. Alors tous deux signèrent une convention par laquelle ils s'engageaient à céder la ville et forteresse de Venise et à s'abstenir de toute ingérance dans les affaires d'administration publique. Et tous deux ensuite, gouverneur et commandant, furent perdus de vue, jusqu'à ce qu'ils partirent pour se rendre en Allemagne.

XI

Entre temps Manin, suivi seulement de quarante individus, avait pris possession de divers établissements publics et du magnifique arsenal de Venise. Il fut proclamé chef du gouvernement, et il constitua l'État en République, afin de seconder le génie du peuple vénitien, qui sans cela ne se serait peut-être pas prêté constamment à maintenir sa propre indépendance. Mais Manin, président de la République de Venise, n'avait point certainement en vue que la seule Venise fût libre, et qu'elle choisit pour elle seule une forme particulière de gouvernement. Il donna, le 3 juillet 1848, une preuve publique de ses véritables sentiments, lorsqu'il dit à la tribune du Parlement : « Nous sommes d'origine et de cœur républicains ; mais pour » être de bons républicains nous devons être vertueux; étant » vertueux, nous devons savoir faire des sacrifices, et en consé- » quence, seconder, quoique nos vœux soient partiels, ceux de la » nation entière. » A la suite de ces déclarations, l'Assemblée renonçait à la forme de gouvernement adoptée ; et Venise n'était plus République, mais partie du royaume de Piémont.

XII

Tergolina avait été élu député au Parlement de 1848, comme il devait l'être encore, malgré son absence, à celui de 1849. Il aurait pu devenir ministre comme Tommaseo ; mais pour des raisons de famille, il ne voulut pas accepter de fonctions publiques supérieures à celles qu'il avait avant l'insurrection. Seulement, dévoué de cœur et d'esprit au nouvel ordre de choses, il publia divers opuscules, adresses et discours dans l'objet de donner à ses concitoyens une direction convenable aux temps, et de les rendre favorables à la cause de la liberté et de la nation. Il remplit également, à la satisfaction générale, diverses charges honorables, qui lui furent temporairement confiées dans l'administration légale et militaire. En même temps il ne manquait pas d'inviter et d'accueillir dans sa maison, comme des membres de sa propre famille, bon nombre de volontaires des diveres parties de l'Italie, officiers ou soldats, bien portants ou malades, valides ou blessés, tous entretenus à ses propres frais, sans qu'il leur en coûtat une obole à eux-mêmes.

Ce seront autant de griefs à sa charge, lorsque Pie IX, l'ami de l'Autriche, tiendra cet homme généreux entre ses mains.

XIII

Tergolina ne borna point là ses sacrifices. Dépenses considérables, prêts et dons à son pays ; fatigues, soins, veilles et pensées, pour le triomphe d'une cause juste, rien ne fut épargné. Lorsque Venise fut devenue le dernier boulevard de l'indépendance italienne, Tergolina lui consacra jusqu'à l'héritage de ses enfants. Il se trouva ainsi un beau matin ayant dévoré presque toute sa fortune, pour n'avoir consulté que son patriotisme, au lieu de se souvenir qu'il était père. De tels dévouements deviennent plus rares tous les jours, et il n'est pas mal de prendre note de ceux qu'on rencontre çà et là.

XIV

Les deux fils plus âgés de Tergolina n'avaient l'un que onze ans, et l'autre que douze ans. Ils furent pris d'un brûlant enthousiasme. S'étant procuré, par l'intermédiaire de leur digne père, une bannière italienne, ils donnèrent l'impulsion et l'élan à une institution qui pouvait produire de merveilleux fruits. Je veux parler de la *Garde de l'espérance*, démonstration nationale réalisée avec le concours des enfants de la meilleure condition, presque tous de l'âge des jeunes Tergolina. Habillés d'un bel uniforme, ayant pour protecteur de leur petite troupe Daniel Manin lui-même, et pour chef son cher fils George, les deux Tergolina allaient çà et là recuei[illegible] rant d'autres jeunes compagnons, qui avaient comme eux le cœur plein de courage, et étaient comme eux enflammés de haine contre les oppresseurs de leur terre bien-aimée.

XV

Le gouvernement révolutionnaire de Venise, avait un besoin urgent de fonds. Lorsque Tergolina eut épuisé en sa faveur toutes ses espèces sonnantes, toutes les autres valeurs dont il pouvait disposer, il porta à la caisse publique les bassins et les vases d'argent de sa chambre à coucher, les couverts et autres objets de table d'argent pur, les diamants et joyaux qui venaient de sa famille, imitant en cela ceux de ses compatriotes qui, n'ayant pas de billets de banque ou des écus, donnaient cordialement au trésor leur orfévrerie, leurs bijoux, toutes les pierreries qu'ils possédaient. Tergolina fit plus encore : quand la gêne du gouvernement fut devenue extrême, il forma un plan d'actions destinées à faciliter la marche. Il garantit le montant des titres sur les immeubles qu'il avait autant à Venise même qu'à Padoue et à Vicence. Et afin de faire réussir cette entreprise patriotique, il consacra à en propager l'idée par la presse et autres moyens de publication, une partie des derniers fonds qu'il avait mis en réserve pour ses dépenses personnelles et celles de sa famille.

XVI

Tergolina partit ensuite pour Florence, chargé d'une mission par le gouvernement. Elle consistait à faire accepter le papier-monnaie du nouvel État, à prendre note des divers modes d'administration publique, et à inspirer confiance dans la constante volonté de Venise d'être partie et soutien de l'unité italienne.

Un décret rendu, le 17 mars 1849, par le gouvernement provisoire de Toscane, montrait que les efforts de l'envoyé vénitien n'avaient pas été vains. Mais, le 12 avril suivant, le jour même où le *Moniteur toscan* publiait ce décret, et où celui qui l'avait provoqué commençait déjà à recueillir de l'argent, une réaction aussi anti-patriotique qu'insensée rétablissait sur son trône le grand duc Léopold. Tergolina, pour sa sûreté, se vit contraint de quitter Florence.

XVII

Arrivé à Borgo S. Sepolcro, sur les confins de la Toscane, l'ami de Manin s'y arrêta deux jours, dans l'espérance que la réaction serait courte. Mais il se trompait; et, après avoir, pour combattre des Contadins qui voulaient envahir et saccager la ville, pris les armes en compagnie de l'excellent patriote Virgile Somigli, qu'un traître poignarda presque sous ses yeux, il se dirigea sur Pérouse. Là, notre héros fut cordialement accueilli par François Rossi et Raphaël Caratoli, et reçu avec les plus grands égards, durant plusieurs jours, chez le comte Pierre Donuini. Mais un beau matin, comme les derniers volontaires venaient de quitter, sous la conduite du colonel Arcioni, le fameux lac de Trasimène, situé à quelques milles seulement de Pérouse, on apprit que les Autrichiens y arrivaient. Voilà notre infortuné Vénitien forcé encore de partir précipitamment, et à pied, faute de moyens de transport. Il arrive épuisé à Bevagna. Heureusement il trouve là une bonne âme de maître d'école, patriote sans doute, nommé Joseph Ricci, qui lui procure une voiture pour poursuivre sa route. Il part peu d'instants après, et il arrive à minuit à Todi.

XVIII

Ici, l'ami de Manin fut accablé d'attentions par l'avocat Melchiori, gonfalonnier, et par un grand nombre d'autres citoyens éminents, au nombre desquels MM. Louis Buvalini, François Monti, et le prêtre D. Luigi. Ils s'occupèrent ensemble de faire ce qui se pouvait en faveur de Rome, alors assiégée par les troupes françaises. Tergolina parvint même à apaiser un différend assez grave. Le colonel Zanardi, excellent patriote, avait laissé la Toscane et s'était rendu à Todi avec divers officiers de volontaires. Il y séjourna longtemps, quelque représentation qui lui fût faite que Rome, spécialement depuis le 3 juin (1849), avait grandement besoin d'officiers. Cette obstination finit par faire murmurer les Todiens, qui auraient voulu voir le colonel voler au secours de la ville assiégée. Zanardi, prévoyant l'inutilité de toute résistance, persistait dans son refus. Le dissentiment allait se terminer par un éclat, lorsque Tergolina s'entremit et sut, par son caractère conciliant, mettre d'accord les deux parties.

XIX

Garibaldi poursuivait son immortelle retraite de Rome. Au moment où il allait arriver à Todi, Tergolina, accompagné de plusieurs habitants portant le drapeau civique, s'avance à la rencontre de l'illustre général. Il lui parla publiquement de la commune allégresse qu'excitait sa venue, et, de concert avec quelques Todiens, il se mit ensuite en mesure de procurer à ses héroïques compagnons tout ce qui pouvait leur être nécessaire. Garibaldi fit son entrée au milieu des applaudissements et des acclamations du peuple, qui espérait voir son idole recommencer bientôt la lutte, et secourir Venise à temps. C'était un touchant spectacle de voir chacun s'empresser d'offrir tout ce qu'il possédait. Le docteur Govoni, gouverneur militaire du corps en retraite, n'avait qu'à demander pour être immédiatement satisfait. Mais le lendemain les Autrichiens occupaient la ville, et il fallut de nouveau se mettre en route.

XX

Tergolina se rendit secrètement, dans la nuit et par des voies détournées, à Montecchio di Spoleto. Quelques semaines se passent, Buvalini, Berti, d'autres amis viennent le visiter, et lui apprennent le départ définitif des Autrichiens. Il retourne alors tranquillement à Todi. Mais, peu de jours après, voilà les Français qui arrivent ! Tergolina repart et se rend près de Montecchio, chez M. Dominique Mattei, qui lui avait gracieusement offert l'hospitalité de son toit. Là, un prêtre et curé de Torre, appartenant autrefois à la sainte Inquisition, porte, avec tous les dehors d'un regret hypocrite, la nouvelle que l'héroïque Venise est tombée le 22 août.

XXI

Un événement aussi désastreux rendait impossible le retour de Tergolina à Venise, réoccupée, saccagée, et plus que jamais tyrannisée par les Autrichiens. Mais, avec toutes les preuves qu'il avait données d'attachement à la liberté, il aurait pu avoir une pensée plus sage que celle de se rendre à Rome, la ville de l'esclavage. Ce fut pourtant là que le conduisit sa mauvaise destinée. Après être allé jusqu'à Narni, en compagnie de son ami Joseph Marchetti, Tergolina s'achemina vers l'antique ville des Césars, plus esclave alors qu'aux plus mauvais temps de l'antiquité. Il y arriva dans les premiers jours de septembre, trois mois après le rétablissement du pouvoir pontifical.

XXII

Pendant que l'Europe éblouie par les merveilles qu'on racontait de Pie IX, tournait vers lui ses regards étonnés, Tergolina avait écrit publiquement des louanges de ce pontife ; et lorsque les espérances se furent tournées en déceptions, il s'était abstenu de l'attaquer. Il croyait donc n'avoir rien à redouter dans une ville où le Pape, du haut du Quirinal, en présence d'un peuple innombrable, et le syeux baignés de larmes, avait béni l'Italie et les nombreux volontaires qui partaient continuellement pour soutenir son indépendance. Le genre de vie qu'il adopta augmentait encore sa confiance. Les heures qu'il ne passait point à chercher des consolations dans l'Écriture, il les consacrait à visiter les lieux fameux et les monuments célèbres. Il vit successivement toutes les églises de Rome, spécialement la basilique de Saint-Pierre, la plus vaste de l'univers ; l'église de Saint-Jean-de-Latran, nommée la première du monde (*caput mundi*), celle de Saint-Paul hors des murs, celle de Saint-Pierre-aux-liens, où se trouve la fameuse statue de Moïse ; celle de Sainte-Marie-Majeure ; celle des Anges ; celle de la Victoire ; celle de Jésus ; et le fameux Panthéon, édifié avant l'ère chrétienne. Il visita encore un grand nombre de couvents et quelques monastères, les catacombes et les sépulcres antiques, le Capitôle, le Colysée, les temples païens, le Vatican, les galeries et les musées. Il se rendit aussi à Monte-Mario, d'où l'armée française, en 1849, porta de si terribles coups à Rome, et à Saint-Pancrace, où rencontrèrent la mort tant de ses chers compatriotes. Il trouva encore mal ensevelis sur les champs de bataille, les corps d'une foule d'Italiens valeureux, que les prêtres romains considéraient comme excommuniés, et qu'ils avaient refusé de recevoir dans les cimetières communs. Quelle amertume assaillit son cœur, lorsqu'il considéra le contraste entre l'antique grandeur et l'état présent de Rome ! Autrefois Rome contenait environ 5 millions d'habitants : maintenant la population était réduite à 140,000 âmes, dont plus de 20,000 prêtres, moines et religieuses !

XXIII

Cependant les rigueurs de la police cléricale allaient de plus en plus augmentant. Tergolina commença à s'apercevoir que son séjour permanent à Rome devenait à chaque instant plus périlleux. Il avait pris part aux affaires publiques, il était étranger aux États pontificaux, il devait tout redouter. Il remarqua un article du *Moniteur romain*, dans lequel on censurait l'indolence du gouvernement à tenir l'œil sur les personnes suspectes. On l'accusait de faiblesse envers ses adversaires ; on lui disait que *pour en finir avec le libéralisme il fallait l'abattre, le punir, et le détruire jusqu'à la troisième génération.* Et ces doctrines n'étaient pas nouvelles : elles se lisaient tout au long dans un programme de la fameuse société Sanfédiste, programme dont étaient porteurs deux moines arrêtés, quelques jours avant la chute de la République romaine, au couvent de Spelo, voisin de Foligno dans l'Ombrie. Néanmoins, la vie pour Tergolina fut encore supportable tant que dura l'absence du Pape ; mais Pie IX fit son entrée à Rome le 12 avril 1850, et alors les choses changèrent.

XXIV

Le libéralisme de l'ami de Manin n'était plus un mystère pour personne. Aussi craignait-il infiniment de se laisser voir dans les lieux publics. Chaque jour il devenait plus circonspect ; et il était pour ainsi dire, contraint de mendier un toit sûr. Quelques amis s'efforçaient de lui donner pour asile un autre pays d'Europe, en lui procurant un passeport régulier par l'intermédiaire de consuls étrangers. En attendant, Tergolina couchait tantôt dans une maison, tantôt dans une autre, aujourd'hui près, demain loin, une fois bien, une fois mal, maintenant dans une boutique, maintenant dans un café, maintenant dans les recoins les plus cachés d'un théâtre.

Quelle vie pour un père de famille, pour un ancien magistrat, pour un homme qui avait joui de toutes les douceurs de la fortune! Cependant notre malheureux Vénitien était réservé à de plus grandes épreuves.

XXV

Le 7 octobre 1851, à 5 heures et demie du soir, Tergolina, profondément pénétré de sa position, faisait une de ses promenades solitaires de chaque jour. Triste, pensif, distrait, il s'arrêta pour observer la magnifique colonne Trajane. Deux carabiniers pontificaux, qu'il sut depuis être les frères Giovanelli, l'un en uniforme, et le plus âgé vêtu en gentilhomme, s'approchèrent doucement sans être remarqués, et, lui posant la main sur l'épaule, ils lui dirent : « Au nom de la loi nous vous arrêtons. » Tergolina répondit quelques mots en anglais, on ne l'écouta point; il voulut s'expliquer en italien, on n'eut aucun souci de ses paroles. Il fut conduit à *Montecitorio*, et mis sans autre façon dans la prison commune. La porte fut immédiatement fermée sur lui, et on le laissa dans l'obscurité, sans aucune lumière, quoique la nuit fût déjà venue.

XXVI

La prison de Montecitorio appartient au corps-de-garde principal des carabiniers. Une charbonnerie est moins obscure. C'est un local de plein pied, avec une petite porte de face à la porte d'entrée du corps-de-garde. Elle ne reçoit d'autre jour que celui qui pénètre par une étroite fenêtre grillée, placée au-dessus de la porte même. L'humidité règne constamment dans cette tannière. A peine Tergolina y fut-il enfermé, qu'une voix rude lui demanda : «Qui êtes-vous? » « Je suis », répondit l'infortuné, « un être malheureux et abandonné comme vous-même. » — Le questionneur enflamma une allumette, et Tergolina vit un bel homme brun, dans la fleur de l'âge, couché sur une table nue, peinte en noir, et soutenue par deux pieds en fer.

XXVII

Le nouveau venu, regarda attentivement le captif; puis il lui dit : « Vous me paraissez un galant homme; voyez où vous êtes. » — C'était un trou d'environ dix pieds carrés. Les murs étaient couverts de noms de malheureux qui, avec des mains frémissantes et des cœurs déchirés, avaient écrit mille malédictions contre leurs persécuteurs. Des ordures dégoûtantes et malsaines faisaient du sol un fumier immonde.

L'homme brun dit au Vénitien : « Un tel lieu ne convient point à des » gens de votre sorte : il est destiné à recevoir des voleurs et des assas- » sins, qui plus tard sont conduits dans d'autres prisons de la ville. » Je suppose que vous avez été mis ici pour cause politique. » Tergolina répondit que oui. L'homme brun lui apprit alors qu'il avait été palfrenier de la famille du marquis Potenziani, près de la place Pola ; qu'il se nommait Nicolas, et venait des frontières napolitaines ; il ajouta que, après trois années de service dans la famille Potenziani, il avait été emprisonné comme suspecté d'un vol considérable perpétré dans cette maison.

XXVIII

Les heures s'écoulaient, et Tergolina attendait toujours inutilement qu'on lui donât un banc ou au moins une chaise pour reposer pendant la nuit. Rien ne vint. Alors le malheureux n'en pouvant plus, accepta l'offre courtoise que lui fit Nicolas de lui procurer un peu de sommeil, en le laissant coucher à côté de lui sur l'étroite table qui lui servait de lit. L'ex-palfrenier porta même l'attention jusqu'à rouler une partie de ses habits pour en faire un oreiller au nouveau venu. Voilà donc, grâce à cet excellent régime papal, un magistrat et un prévenu de vol dormant côte à côte comme deux camarades, dans la même prison !

XXIX

Vers quatre heures du matin, un bruit soudain réveilla les deux hôtes de Montecitorio. Les verroux grincèrent, la porte s'ouvrit, et cinq individus furent poussés dans la prison, qui continua de rester obscure. Un des nouveaux arrivés intima violemment à Tergolina de lui céder sa place. Nicolas ne voulait point qu'il obéît à cet ordre insolent ; mais notre Vénitien avec sa bonne nature, refléchit qu'il avait déjà joui d'un repos quelconque, tandis que l'autre n'en avait peut-être pas goûté du tout, et il se leva sans mot dire.

Cette bonne action eut bientôt sa récompense : à la pointe du jour, les cinq individus furent conduits ailleurs, et Tergolina se trouva de nouveau seul avec Nicolas. Mais chaque nuit il entrait quelque nouvel individu, qui sortait ensuite dans la matinée. Ainsi celui qui avait eu dans sa vie des lits si moelleux ne pouvait maintenant goûter sans trouble un peu de sommeil sur une table nue !

XXX

Suivant l'invariable coutume papale, lorsque Tergolina avait été arrêté, un véritable saccage avait été exercé sur sa personne. Les bijoux et l'argent qu'il avait étaient passés dans les mains rapaces de ses geôliers. Vers onze heures du matin, on porta à son compagnon sa maigre pitance de prisonnier ; mais pour lui, rien ! Le brave Nicolas, voyant cet oubli ou ce calcul, insista généreusement pour que le dîner fût partagé à deux, assurant avec résolution qu'il ne mangerait pas seul. Tergolina accepta avee reconnaissance l'offre cordiale qui lui était faite. On le laissa ainsi trois jours sans nourriture, et s'il ne s'était trouvé avec une bonne âme, il serait mort de faim !!!

XXXI

Après le troisième jour, on porta enfin à notre pauvre Vénitien huit baiocchi, correspondant à huit sous, pour se procurer quelques aliments, par l'intermédiaire des carabiniers. Reconnaissant envers l'homme généreux que, coupable ou non, il devait toujours appeler son ami, Tergolina joignit ses ressources à celles de Nicolas, et les deux prisonniers virent ainsi s'améliorer leur condition mutuelle. Cela dura ainsi pendant dix-huit jours, qu'ils passèrent ensemble.

XXXII

Tandis qu'ils menaient cette vie commune, Nicolas informa Tergolina de toutes les circonstances relatives au fait délictueux qu'on lui imputait, assurant qu'il lui disait la pure vérité. Le docteur en droit donna au prévenu les conseils qu'en sa qualité d'avocat il reconnaissait les meilleurs, et il eut plus tard la satisfactions d'apprendre que son compagnon de captivité avait obtenu les bénéfices d'une ordonnance de non-lieu, faute de preuves suffisantes pour continuer les poursuites.

XXXIII

Les gendarmes pontificaux sont peu sensibles. Cependant, un de ceux préposés à la surveillance de Tergolina fut touché des larmes qu'il répandait sur sa famille. Pour lui procurer quelque soulagement, il le fit monter dans la chambre réservée aux carabiniers de garde. Là le captif passait son temps à écrire sur les murs, avec un crayon, des pensées politiques, des maximes de droit dont la hardiesse ne pût effaroucher personne. Les carabiniers paraissaient prendre un grand plaisir à lire ces sentences; ils engageaient le captif à en écrire toujours davantage; souvent ils en prenaient copie; et un jour, quand la confiance se fut établie, ils lui racontèrent comment un de leurs chefs, aujourd'hui général, se trouvait être un franc voleur, et marqué pour tel d'un fer sur l'épaule. Je ne nommerai point ce coquin, quoique sa victime le nomme (1).

XXXIV

D'après la loi romaine, tout incarcéré devrait être examiné dans les vingt-quatre heures de son entrée en prison. Cependant il se passa dix jours sans que Tergolina fût interrogé. Le onzième jour, Monsignor Ruffini, prêtre et directeur général de la police, vint, assisté d'un secrétaire, pour questionner le captif. Il l'appela immédiatement par son nom et par sa qualité personnelle, et ne demanda rien qu'il ne sût déjà. Au bout de dix autres jours, Monsignor Ruffini revint, sur la propre demande de Tergolina. Il lui promit toute son assistance et même de le faire envoyer en exil, s'il voulait dire certaines choses que le prisonnier ignorait, et que, les eût-il sues, il

(1) *Quattro anni nelle Prigioni del S. Padre. Lavvocato Dottore Vincenzo di Tergolina, membro di più Instituti scientifici, già giudice et Deputato al parlamento di Venezia. Torino*, 1860. 1 *vol. in*-12. *p*. 37.

n'aurait pas dites. Tergolina ne se conquit donc pas la faveur de monsignor Ruffini. Aussi resta-t-il en prison. Il fut ensuite examiné plusieurs fois et longuement par le juge Della-Bitta ; mais sa conduite ayant été la même qu'avec monsignor Ruffini, le résultat fut aussi le même.

Une ou deux fois l'occasion de fuir se présenta au prisonnier ; mais, par égard pour le carabinier qui avait eu compassion de lui et avait prêté foi à sa parole, il s'abstint de le faire, à cause du préjudice que son évasion eût porté au gardien.

XXXV

Tergolina était demeuré trente-deux jours à Montecitorio, ou seul, ou en compagnie, toujours momentanée, d'accusés de vol, d'assassinat et autres crimes, mais jamais de prévenus politiques. Un jour, le 8 novembre, tandis qu'il attendait anxieusement son départ pour l'exil, il lui fut annoncé à l'improviste qu'on allait le conduire à la prison de *San-Michele*. Grande fut sa surprise d'une nouvelle si inattendue ; mais en vain demanda-t-il à voir Monsignor Ruffini, pour lui rappeler qu'il lui avait fait espérer l'exil !

Peu d'instants après, voilà notre malheureux enfermé à San-Michele, couvert des mêmes habits avec lesquels il avait dormi durant trente-deux nuits dans l'horrible cachot de Montecitorio, sans jamais se dévêtir. Un homme grand et gras, privé du bras droit, se présenta à lui. C'était un brigadier des carabiniers, gardien en chef de la prison. Quant il eut demandé à l'arrivant ses nom et sa profession, et que celui-ci eut répondu : « Le docteur Vincent de Tergolina, ancien avocat et juge à Venise », le gardien répliqua avec un ton de moquerie : « Vraiment ! c'est moi maintenant qui suis votre avocat. » Il le fit ensuite fouiller, lui prit un canif, une clef, et la *Philosophie des langues* de Cesarotti, que le prisonnier portait avec lui ; puis avec une douceur sarcastique, il le confia à un gardien pour le conduire au lieu de sa destination.

XXXVI

Ce gardien, qui était aussi un carabinier, après avoir monté un escalier tortueux, fit entrer la victime du Pape dans une grande salle sans meubles, aux deux côtés de laquelle se trouvaient 60 petites cellules, moitié à droite, moitié à gauche, divisées en trois étages parallèles et semblables. Toutes les prisons cellulaires se ressemblent à peu près intérieurement. Chaque cellule de celle-ci avait donc une porte et une fenêtre grillée donnant sur la grande salle. Mais aucun de ces cachots ne devait être pour Tergolina : il aurait été trop bien ! Il dut gravir un escalier à limaçon très étroit, dépassant le troisième étage, et au haut duquel se trouvait une cellule éloignée, à porte plus petite que les autres. Aussi portait-elle le nº 61, ne faisant point partie des séries principales. Une fenêtre fortement grillée, regardant sur un toit, et revêtue à l'extérieur d'une espèce de tuyau en bois qui interceptait l'air et la lumière ; à l'intérieur, rien que les murs nus ; le sol couvert d'ordures, et partout d'innombrables insectes dégoûtants : tels étaient les agréments de ce bouge !

XXXVII

Quand Tergolina se vit enfermé dans ce trou infect, sa première pensée fut de se briser la tête contre le mur ; mais il songea qu'il avait une femme et des enfants, et il consentit à vivre. Peu de temps après, arriva un auxiliaire portant un sac assez sale, de la longueur et de la hauteur d'un homme, qui contenait un peu de paille. Le prisonnier ne devait pas avoir d'autre lit ! C'est là qu'il devait rafraîchir ses membres fatigués, après avoir dormi durant trente-deux nuits sur une table nue !

XXXVIII

Chaque matin, il était permis à l'infortuné de descendre pendant quelques moments, à l'autre extrémité de la salle, pour faire ses ablutions ; et à onze heures, on le laissait aussi aller recevoir sa nourriture, laquelle consistait en un peu de soupe, un petit morceau de poisson salé, et deux morceaux de pain noir et malsain. Il rentrait ensuite dans sa cellule où, au moyen d'un fragment de pierre invisible, il dessinait sur les murs sa tombe entourée de cyprès, car il ne doutait point que ses bourreaux voulussent le faire mourir !

XXXIX

Tergolina passa ainsi huit épouvantables jours, ne voyant aucun être vivant, si ce n'est quelque carabinier, quand il descendait pour se laver ; et celui-ci se mettait alors à polir et rendre aigu un stylet, comme s'il voulait faire observer au prisonnier que c'était une arme préparée pour lui. Après huit jours, le malheureux Vénitien fut transféré avec son sac de paille au nº 52, faisant partie des cellules du troisième étage.

XL

Cette cellule, égale à toutes les autres donnant dans la grande salle, était longue et haute de six pieds, et large de cinq; elle avait un pavé de briques, avec une fenêtre correspondante à celle qui regardait la salle, mais plus étroite, et formée dans le mur extérieur, épais de trois pieds. A l'intérieur de cette fenêtre était une grille, une raquette au milieu, et à l'intérieur une seconde grille, avec une trompe de bois au dehors, pour empêcher toute vue et toute communication possible. Par cette combinaison infernale, le soleil ne pouvait pénétrer que quelques minutes dans ce réduit ; encore sa lumière y vacillait-elle, comme si l'astre du jour craignait lui-même de découvrir l'horrible situation du malheureux enfermé là. Une fois, le captif entendit la voix de quelques Anglais, qui avaient obtenu la permission de visiter la salle, lorsque tous les prisonniers s'étaient déà retirés. Ces étrangers trouvèrent le promenoir suffisant; mais la porte d'aucune cellule ne s'ouvrit pour eux. Combien alors leurs observations eussent été différentes !

XLI

Un voisin de cellule de notre prisonnier venait encore augmenter ses souffrances, par les cris déchirants qu'il poussait nuit et jour. C'était un jeune homme de vingt ans, condamné à mort pour un crime dont il se disait innocent, du moins d'intention. S'il avait tué un homme du parti libéral, c'était sur l'excitation du curé de sa paroisse, qui lui avait promis l'absolution. Ce malheureux jeune homme ne cessait de se repentir d'avoir commis un tel meurtre. Il en demandait pardon à Dieu et aux hommes; et ses larmes amères, ses accents douloureux perçaient le cœur du pauvre Tergolina.

XLII

A cette occasion, on dira quelle est la loi du Pape pour les condamnés à mort? Continuellement tenus jusqu'au moment de la sentence à un rigoureux secret, c'est-à-dire dans une prison éloignée et séparée de toute autre, les condamnés, quand la sentence est prononcée, obtiennent le bénéfice de la *Larga*. Ils peuvent alors jouir de la compagnie des autres prisonniers et se promener avec eux. Il leur est, en outre, accordé un matelas de laine, placé sur un sac de paille plus commode que les autres ; et ceci se nomme le *lit de mort*. On leur donne de meilleurs aliments avec du vin ; et ceci se nomme le *régime de mort*. Ils reçoivent chaque jour quatre *baiocchi* ; et ceci se nomme *la paie de mort* !

Ainsi passent le temps ces malheureux, qui, durant des jours, des semaines, des mois, et souvent des années, attendent à chaque heure qu'on les conduise au supplice ! Et il n'est pas rare que cette torture s'applique à des gens qui n'ont commis aucune espèce de délit !!

Quand le jour de l'exécution est arrivé, les gardiens oignent doucement avec de l'huile les cadenas, les serrures, et les verrous de la porte du cachot, de manière à ne faire entendre aucun bruit en les ouvrant. Et à minuit, quatre ou six hommes (1), portant des torches et des chaînes, entrent à l'improviste dans la cellule, se jettent comme des tigres sur le condamné, lui enchaînent les mains sur le dos, et l'entraînent abasourdi dans une chambre opposée, où il est obligé de faire sa confession à un prêtre qui, le plus souvent, n'a de prêtre que le nom. Peu d'instants après, le martyre est fini ; mais Tergolina a connu des individus qui pendant deux ans, trois ans, cinq ans, six ans, et même sept ans, ont eu chaque jour en face une pareille mort ! Telle est la loi papale ; tel est le gouvernement de celui qui se nomme le vicaire du Christ sur la terre !!

(1) Le nombre varie suivant la constitution du patient, et la résistance que ses bourreaux supposent.

XLIII

Après quatre mois passés au n° 51, Tergolina fut transféré au n° 15, situé au niveau de la salle. On lui accorda alors la *Larga* pour quelques heures de la journée. Mais, hélas! bien souvent quand il ouvrait la porte de sa cellule pour aller prendre ses aliments, il voyait aussi s'ouvrir le cachot placé en face du sien, et un condamné à mort, nommé Andréa, en sortait. Maigre, pâle, défait, les yeux caves, et tenant mal sur ses pieds, Andréa présentait l'image d'un spectre. Son aspect fermait la bouche et serrait le cœur; une espèce de terreur et de stupéfaction, supérieure aux forces morales, s'emparait de ceux qui le regardaient : ce fantôme était à la fois un objet d'horreur et de compassion.

Au bout de deux ans du plus horrible secret, le spectre vivant reprit un peu de force et de courage, la *larga* lui ayant donné l'espérance fallacieuse d'une mitigation de peine. C'était véritablement un tourment des plus cruels pour Tergolina que d'entendre ce malheureux voué à une mort inévitable, lui demander s'il pouvait concevoir une espérance réelle. Des réponses ambiguës étaient tout ce qu'on pouvait lui faire; et, au grand désespoir du docteur en droit, le doute suffisait pour que l'infortuné Andréa se reprît à l'idée de vivre. Bientôt, pour rendre la position plus intolérable, deux autres condamnés à mort, partageant les mêmes espérances, vinrent aussi jouir de la promenade en commun. Ces trois individus, quoique imputés de crimes ordinaires, étaient retenus là pour avilir les prévenus ou accusés de délits politiques. Nouveau genre de torture repoussé de tout autre gouvernement que le gouvernement pontifical, à l'exception du gouvernement autrichien.

XLIV

Le 6 avril 1852, Tergolina fut appelé pour comparaître de nouveau devant le même juge d'instruction qui l'avait déjà interrogé. Après un court examen, M. Della Bitta lui fit part que rien ne résultait du procès, et le captif recommença encore à nourrir l'espérance de la liberté. Le magistrat lui accorda du papier pour écrire, mais il demanda que les feuilles lui fussent envoyées, une fois remplies, avec le timbre de la maison et la signature de l'auteur, promettant de les renvoyer après examen. Cette promesse ne fut jamais tenue, et peut-être n'était-elle qu'un piége!

XLV

En ce temps là se trouvait à San-Michele M. Philippe Grondoni, ancien colonel de la garde nationale de Rome, un des assassins supposés du ministre Rossi. Tergolina fit sa connaissance, et il se loue fort de sa généreuse cordialité. « C'est à lui », dit-il, « que je dus d'avoir un linceul pour couvrir mon misérable sac de paille, ce qui me permit d'ôter dans la nuit une partie de mes vêtements, qui étaient de nouveau quasi-déchirés.

On conçoit qu'un pauvre malheureux obligé de dormir tout habillé pendant des jours, des mois, et des années, considère comme un bienfait le prêt d'un drap de lit qui lui permet de se dévêtir! Du reste, Tergolina, qui reçut souvent les confidences intimes de Grondoni, le tient pour innocent du crime qu'on lui reprochait. L'infortuné n'en mit pas moins fin à ses jours, pour éviter le supplice, trop oublieux de ce beau vers :

Le crime fait la honte et non pas l'échafaud.

XLVI

Avec le malheureux Grondoni, et pour la même cause, avait été condamné à la même peine Santo Constantini, âgé de 26 ans, « et » de trop honnête et bon caractère pour être coupable d'un tel délit. » Sa seule faute », dit notre captif, « fut l'imprudence de ses dis- » cours ; mais j'ai des raisons de croire qu'il était innocent, parce » que celui qui frappa Rossi se trouve probablement en Angleterre, » même en ce moment. Et pourtant Constantini subit son horrible » destin publiquement, en septembre 1853, au milieu d'une indigna- » tion générale contre le détestable gouvernement pontifical (1). »

XLVII

Tergolina ajoute à ces graves paroles : « Les condamnations à » mort qui furent exécutées dans les États pontificaux pour cause

(1) Tergolina : *Quatro anni nelle Prigioni del S. Padre*. p. 45.

» politique de 1849 à 1853, sont trop nombreuses pour pouvoir être » comptées. Elles sont au nombre de plus de 200. Il n'était pas » question d'innocent ou de coupable pour tuer, de la part du » gouvernement du Saint-Père ; l'esprit de parti était l'unique arbitre » de l'existence humaine, ce don sacré de Dieu.

» Et tout cela est arrivé au milieu du XIXe siècle, quand dans tout » État, hors celui du Pape, la civilisation marche à grands pas ! Mais » on ne pouvait mieux attendre d'un pays infortuné qui a un prêtre » pour chef et roi, et des cardinaux pour hommes d'État ; un pays » dont les lois sont formées sur des traditions qui depuis long- » temps auraient dû être abandonnées comme des fables à ne pas » croire (1). »

XLVIII

Nous n'avons pas tout dit sur la manière dont Tergolina passait son temps dans la prison de San-Michele. Il profita si largement de la permission d'écrire, que le juge reçut de lui, pour les examiner, environ cent cinquante compositions en vers, et environ cinq cents articles sur la politique et les lois. Le captif usait de prudence. On ne dut rien trouver dans ses écrits qui pût lui être imputé à charge, et néanmoins on ne lui rendit rien. M. Della Bitta avait pourtant promis de tout restituer ; mais qu'est-ce qu'une promesse pour les agents du gouvernement romain !

XLXIX

Chaque dimanche on célébrait la messe sur un autel placé à l'extrémité de la salle où se trouvait la cellule de Tergolina. L'autel était séparé de la salle par une grille en bois. Durant la messe, les individus de *larga* devaient se mettre chacun devant la porte de sa cellule, et s'agenouiller quand il paraissait bon aux gardiens ou aux geôliers présents. Ceux-ci veillaient attentivement, et punissaient la moindre infraction. Au temps de Pâques, les prisonniers étaient obligés d'ouïr un discours religieux trois fois par jour, durant huit jours consécutifs. Ils devaient, en outre, aller à confesse, et ceux qui ne recevaient pas aussi la communion étaient l'objet d'une note

(1) *Loc. cit. p.* 46.

défavorable. Le prêtre qui prêchait alors à San-Michele, D. Giuseppe Cipolla, se trouvait un bon homme, montrant quelque sympathie pour les prisonniers. Les cardinaux furieux lui ôtèrent, pour le punir, la cure de San-Tommaso in Parione, qui convenait merveilleusement à l'excellence de son cœur et à son instruction. Mais Cipolla ne resta pas tout à fait sans pouvoir; et comme Tergolina s'était acquis sa bienveillance spéciale, ce prêtre exceptionnel lui sera utile plus tard.

L

Rien ne peut être plus douloureux pour un père que de voir un fils suivre une carrière qui n'est pas en harmonie avec ses propres sentiments. Ce chagrin, Tergolina l'éprouva. Un jour un fascicule de la *Civiltà catholica,* dont il put, par exception, prendre lecture, lui apprit que Louis, son second né, était, à l'instigation de son oncle, le comte Philippe de Gislanzoni, entré dans les *Gardes nobles* de l'empereur d'Autriche; l'empereur d'Autriche, oppresseur de Venise, et qui, par un décret, avait frappé d'exil Vincent de Tergolina avec tant d'autres; l'empereur d'Autriche, que le Pape avait cru complaire en emprisonnant l'ami de Manin! Ainsi le fils servait le tyran direct et indirect de son père! Mais peut-être persuada-t-on à ce pauvre enfant, qu'il n'y avait pas de meilleur moyen de réconcilier avec Dieu et avec les hommes l'auteur de ses jours; et, par amour pour lui, il lui fit le plus grand chagrin qu'il pût lui causer!

LI

Quand il se fut répandu que Tergolina faisait des vers dans sa prison, l'autorité ne manqua point de vouloir faire tourner cette circonstance au préjudice du captif. Un jour, le brigadier, en ouvrant la porte de sa cellule, qui donnait sur le promenoir, lui demanda d'écrire une poésie laudative sur la manière dont les prisonniers étaient traités à *San-Michele.* Le poète n'osant pas refuser absolument, composa quelques vers à la louange de celui qui sait pratiquer les voies de l'humanité, sans rien ajouter de plus. Un autre jour, le brigadier lui demanda d'écrire quelque chose concernant le président de la sacrée Consulte, monsignor Mateucci; et le poète expliqua en vers, quelles devaient être les qualités d'un président de Tribunal suprême, sans faire allusion à qui que ce fût. On en vint alors à une demande encore plus scabreuse ; mais le poète se tira de ce mauvais pas avec son adresse ordinaire : et l'autorité, voyant l'inutilité de ses effort, renonça à lui tendre des piéges.

LII

Mais la persécution ne fit que redoubler. Un jour, le 2 juin 1852, un gardien vint prendre le prisonnier pour le conduire dans la chambre du juge. Ce magistrat lui dit qu'il avait besoin de savoir quel avocat il désirait choisir pour défenseur, parmi les quatre légistes attachés à la sacrée Consulte. Tergolina répondit : « J'avais » espéré être renvoyé sans formalité judiciaire, par un décret, au » lieu de sentence, vous-même m'ayant signifié que je serais mis en » liberté, attendu qu'il ne résultait en aucune manière de l'instruc- » tion que j'eusse offensé la loi. Mais, supposant même que je fusse » considéré comme coupable, ce que vous m'assurez de nouveau ne » pas croire, je pense avoir expié suffisamment toute offense présu- » mée, par le temps déjà passé en prison, et par les souffrances en- » durées, que vous ne contestez point. Quant à votre demande tou- » chant un avocat, le choix m'importe peu, n'ayant commis aucune » action blâmable, et n'ayant, par conséquent, rien à plaider, sinon » l'injustice de mon emprisonnement. » Tergolina demanda ensuite que les écrits envoyés par lui pour être examinés lui fussent rendus ; mais le juge répondit qu'il n'avait rien reçu, et il s'en alla !

LII

Le jour suivant arriva l'avocat assigné au prévenu. Après diverses questions, auxquelles Tergolina répondit par la vérité des faits, le défenseur dit qu'il ne pouvait découvrir aucun motif de condamnation. Puis vint le secrétaire de la sacrée Consulte, M. Castelli. Suivant l'usage, celui-ci donna au prisonnier de vaines promesses et espérances de libération, qu'il n'eut jamais la générosité de tenter au moins d'effectuer.

LIV

Dans la matinée du 4 juin, le gardien prévint le captif qu'on le demandait en bas, dans la chambre du brigadier, où il l'escorta, pour être conduit à la sacrée Consulte. Jugez de l'indignation de Tergolina lorsque le directeur de la prison le consigna à deux carabiniers, qui s'avançant aussitôt lui attachèrent les deux mains ensemble avec des menotes de fer ! C'est dans un tel état qu'un docteur en droit, un ancien magistrat, un membre de plusieurs académies devait cheminer en pleine rue, pendant plus d'un mille, jusqu'à Montecitorio, où résidait la sacrée Consulte ! Voyez-vous cet honnête homme, que toute méchante action révoltait, obligé de traverser les voies publiques comme un voleur ou un assassin ! Les fers placés à l'extrémité inférieure de l'avant-bras pénétraient dans les chairs; ils le blessèrent à tel point, que le malheureux Tergolina porta longtemps les traces de la violence qu'on fit en les serrant. Mais qu'était-ce encore que cette douleur physique auprès des blessures du cœur !

LV

Le prisonnier avait parcouru une partie des rues les moins fréquentées, lorsqu'il lui souvint que le tant regretté Grondoni l'avait, avant de partir, muni d'un peu d'argent en cas de besoin. L'idée lui vint de demander aux carabiniers s'il ne lui serait pas permis de monter dans une voiture payée de ses deniers. Les carabiniers dirent que oui, et le bonheur voulut qu'un cocher passât avec son *legno*. Tergolina y monta avec empressement. Par un retour sur le passé, il songea alors au temps fortuné où, jaloux d'accomplir son devoir, il allait quelquefois à une certaine distance, en qualité de juge prêteur, accompagné de son greffier et de plusieurs gendarmes, qui se montraient trop heureux de recevoir ses ordres et de lui plaire ! Maintenant les gendarmes étaient ses maîtres, et le juge allait être jugé !!

LVI

Arrivant au tribunal, et après avoir attendu plusieurs heures dans une prison criminelle, en compagnie d'une vingtaine de malfaiteurs, le captif fut conduit devant six prélats, qui semblaient autant de prétendants à la couronne de roi, et qui avaient l'air de siéger plutôt sur un trône que sur un lit de justice. On plaça l'accusé quatre degrés au-dessous de ses accusateurs, avec un carabinier à côté. Le président Matteucci, affectant la douceur, lui adressa plusieurs questions sans lui dire de quoi il était accusé. Tergolina déclina sa condition et son état. Il fit valoir avec force qu'il avait rempli diverses charges honorables, même de juge, sous le gouvernement autrichien, et qu'il n'avait jamais reçu aucun reproche. Il avait au contraire toujours obtenu l'approbation supérieure, si bien qu'il aurait pu prétendre à des honneurs et décorations s'il les avaient ambitionnés. Il voulait poursuivre, en insistant pour savoir de quoi on l'imputait; mais le président ne voulut plus l'écouter, et son avocat, par suite sans doute d'instructions reçues, n'ouvrit jamais la bouche. Le président l'accusa ensuite d'être à Rome sans passeport. Tergolina répondit qu'il avait déposé son passeport au bureau de police, laquelle lui avait donné en échange une carte de permanence à temps déterminé, carte prorogée depuis deux ou trois fois. Alors le président lui annonça qu'il serait appelé de nouveau, et il le renvoya en prison.

LVII

Ce fut en vain que Tergolina attendit de jour en jour pendant des semaines et des mois, l'effet de la promesse qu'on lui avait faite. Le soir du 30 juillet, tous les prisonniers de S. Michele furent appelés un à un, conduits au-dessous de l'escalier attenant au promenoir, et mystérieusement colloqués dans une immense salle. Ils apprirent bientôt qu'on allait les mener aux *Carceri nuove*. La cause de ce transfèrement était que le gouvernement ne voulait plus continuer à fournir le peu de poisson salé que recevaient les détenus politiques, les détenus pour délits communs se plaignant de n'avoir, eux, que la soupe et le pain. Il faut être le gouvernement papal pour avoir l'idée d'empirer la condition des uns parce qu'il ne veut pas améliorer le régime des autres!

LVIII

Voilà donc Tergolina aux *Carceri nuove*, sans les trois onces de viande et de poisson dont on avait gratifié jusque-là des hommes habitués à toutes les aisances et même au luxe de la vie. Un liquide composé d'eau et de sel, avec un peu de riz, des pâtes, ou des haricots, qu'on nommait soupe; du pain non cuit intérieurement, malsain et quasi-noir, mêlé de matières pesantes comme du sable :

telle était la nourriture qui devait maintenant soutenir l'existence des prisonniers ! Tous furent bientôt exténués et épuisés. Notre Vénitien, pour ne parler que de lui, eut à endurer une autre douleur. Comme il avait voulu épargner à sa famille, particulièrement à sa mère, la nouvelle de ses souffrances, il se trouvait sans moyens de renouveler ses habits, et il dut garder, malgré leur triste état, ceux qui lui avaient servi depuis qu'il était en prison !

LVIX

Le 3 du mois d'août, le gardien principal, un nommé Véri, auquel on donnait dérisoirement le titre de greffier, appela Tergolina ; et un homme vulgaire remit, en sa présence, au prisonnier, un papier qu'il lui dit être la sentence de la sacrée Consulte. Le cœur du Vénitien se brisa de surprise et de désespoir en lisant cette horrible décision. Il était frappé de vingt ans de galères ! Père, mère, femme, enfants, tous les siens lui apparurent soudain à l'esprit ! Il crut ne jamais les revoir !...

Et cet abominable jugement, le tribunal l'avait rendu sans appeler de nouveau l'accusé, ainsi que le président l'avait promis, et sans exprimer dans la sentence les raisons pour lesquelles on le condamnait !

LX

Dans la terrible situation qui lui était faite, Tergolina se souvint du révérend Cipolla. Il lui écrivit immédiatement pour le prier de venir le voir. Il se réclama aussi de l'ambassadeur d'Autriche, qui, par la chute de Venise, se fût trouvé son protecteur naturel, si l'Autriche n'eût été l'ennemie de l'Italie et des Italiens. Il attendait depuis quelques jours dans une extrême anxiété, lorsqu'on vint lui dire que deux étrangers demandaient à lui parler. Le captif fut conduit dans la chambre du greffe, où il trouva un monsieur qui se présenta de la part de l'ambassadeur d'Autriche. Tergolina lui remit la sentence de la Consulte, avec des notes écrites, le priant de prendre en considération la position où il se trouvait, et d'obtenir au moins son départ pour l'étranger. L'envoyé de l'ambassadeur lui promit d'avoir égard à sa demande. L'autre personne présente était le bon Cipolla. L'ancien prédicateur de San Michele dit au prisonnier, avec une grande expansion de sentiment, qu'il avait lu sa lettre, qu'il ferait toujours pour lui ce qui serait en son pouvoir, et il s'empressa d'ajouter que le directeur général de police, monsignor Ruffini, l'avait autorisé à lui annoncer son prochain exil. Sur cette bonne nouvelle, le captif fut reconduit dans sa cellule. Il y attendit vainement la réalisation de ses espérances !

LX

Huit jours après, c'était le 12 août, le président Matteucci vint dans la prison, avec un grand entourage de prêtres, pour faire ce qu'on nomme à Rome la *Visite de grâce*. Pendant que Tergolina attendait le moment de lui être présenté, il eut l'opportunité de voir dans l'antichambre un registre imprimé, contenant plusieurs centaines de noms, parmi lesquels était le sien avec la mention : *sectaire*, ou plutôt chef d'une société secrète. Comme c'était un infâme mensonge, on avait eu garde d'ajouter à quelle société secrète le condamné appartenait.

Quand le tour vint pour notre infortuné de parler, enfin, à monsignor Matteuci, il voulut l'entretenir de la sentence qui le frappait. Le président l'interrompit avec rudesse disant qu'il lui avait rendu justice.

Justice !... assurément ce monsignor-là ne connaissait pas la valeur du mot qu'il venait de prononcer. Un instant après, on le vit parler avec bonté et gentillesse à des voleurs et à des assassins. Il accorda la liberté à quelques-uns (1), donna à d'autres des espérances positives de libération, et n'eut pour les plus rebelles que des paroles mielleuses.

LXI

Il semblait qu'en ce temps tout dût pour Tergolina ajouter mal à mal, affliction à affliction. Dans la partie de la prison où il était renfermé avec neuf autres captifs, se trouvait une grande fenêtre avec une forte grille, située à une certaine hauteur. Tous y montaient alternativement, les compagnons du Vénitien pour respirer l'air, et lui pour donner des miettes de pain à quelques passereaux, qui s'étaient accoutumés à les venir prendre de sa main. Un jour, le 19 septembre, comme il venait de servir à ses oiseaux leur pâture

(1) L'auteur a dit, dans un autre opuscule, les prérogatives attachées à une *Visite de grâce*. V. *Un Prisonnier du Pape* : Paris, Chabot-Fontenay.

favorite, un de ses pieds, dans la descente, ayant porté à faux, il perdit l'équilibre et tomba sur le sol avec une telle violence que la clavicule se rompit. Le blessé resta quasi-privé de sentiment. Ses compagnons parvinrent à lui faire reprendre les sens; mais il souffrait horriblement, et on dut l'accompagner à l'infirmerie des détenus.

LXII

Le malade resta là un mois, couché dans un prétendu lit, composé d'un matelas sale posé sur de la paille fétide, avec un linceul et une couverture non moins crasseux que le reste. Il y avait à l'infirmerie quarante-six lits. Ils étaient occupés par des voleurs, des assassins, des prévenus de délits communs, mais il n'y avait aucun autre accusé politique que Tergolina.

Parmi les habitants de l'infirmerie, se trouvaient des monomanes, des fous décidés, et de prétendus fous, qu'on avait mis là pour les observer, et savoir s'ils étaient réellement privés de la raison. L'un de ces fous, encore jeune, s'imaginait posséder une richesse extraordinaire. Un autre, à peu près du même âge, était saisi d'une mélancolie constante; mais une sorte d'attraction l'attirait vers Tergolina, et il se prêtait volontiers à tout ce que celui-ci lui demandait. Enfin, un prêtre, d'âge moyen, prétendait avoir droit au chapeau de cardinal, pour le zèle qu'il avait mis à réprimer et opprimer les libéraux. . . . .

LXIII

Au nombre des prévenus lucides était un Napolitain, accusé d'avoir tenté d'empoisonner les personnes du service de l'ambassadeur de France, M. de Rayneval. Il se déclarait sans cesse innocent de ce crime, et ses affirmations avaient toute l'apparence de la sincérité. Il était si désespéré de l'accusation qui pesait sur lui que, ne pouvant obtenir la liberté, il voulait se donner la mort. Il resta une fois trois jours et une autre fois huit jours, sans manger ni boire absolument rien. Personne ne pouvait le détourner de son projet. Ce ne fut pas sans peine que le médecin, le voyant réduit à l'extrémité, par le manque de nourriture, lui fit prendre un léger bouillon et un peu de vin, en lui introduisant de force un instrument chirurgical entre les dents. M. de Rayneval était un ami du Pape; et l'on tenait à conserver l'accusé vivant, jusqu'à ce qu'il fût décidé s'il était ou non coupable. Du reste, Tergolina rappelle avec gratitude que ce Napolitain fut pour lui d'une grande gentillesse, et qu'il montra pour ses souffrances une profonde sympathie.

LXIII

Le premier chirurgien qui s'était présenté pour connaître les désordres produits par la chute de Tergolina, avait décidé, sans examen, que la clavicule n'était point rompue. Il avait en conséquence prescrit seulement des frictions avec du savon alcoolisé. Deux jours après vint un autre chirurgien, chargé de décorations. Celui-ci déclara que la clavicule était rompue ; il tâcha de l'ajuster, et ordonna à l'autre chirurgien présent d'appliquer un bandage. Mais il n'y a pas plus d'ordre dans les infirmeries des prisons papales, qu'il n'y a d'humanité dans les prisons mêmes. Jamais le bandage ne fut appliqué ; et l'on continua seulement les frictions. Qui les faisait ? Le chef infirmier, lequel n'était autre qu'un voleur condamné à plusieurs années de détention ! Le malade entra en convalescence au bout de deux mois seulement. A la fin du troisième mois il était guéri ; mais il garda toujours dans la suite les traces de sa chute, qu'eût évitées le bandage inutilement réclamé.

LXIV

Ici comme ailleurs, Tergolina avait donné de très utiles avis pour leur libération à des accusés ou condamnés, fous ou prétendus fous. Ce rôle d'avocat consultant lui procura la connaissance de particularités curieuses.

M. Dominique Lustrissimi, de la Sabine, avait été condamné pour assassinat de son oncle. On savait pourtant que la mort était due à l'explosion fatale d'une arme à feu, que le neveu tenait à la main pour chasser ; mais qu'importe au gouvernement romain une iniquité de plus ou de moins ? L'innocent était condamné, l'innocent était retenu.

LXV

Un fou, ou prétendu tel, qui passa quelques jours à l'infirmerie, amusa beaucoup notre docteur en droit. C'était un Piémontais, de très petite stature, fort instruit en diverses sciences, et possédant plusieurs langues anciennes et modernes. Il avait pris le titre d'évêque, et il était allé comme tel, avec un luxe correspondant à son caractère, dans diverses capitales et pays de l'Europe. Muni de fausses bulles pontificales, il célébrait des messes, administrait les sacrements, recevait d'un côté d'abondantes aumônes, ou d'églises, ou de couvents, ou de monastères, ou d'individus quelconques, et d'un autre côté faisait des charités à des personnes ou communautés, toujours cependant en moindre proportion et quantité que les aumônes déjà perçues. Pour donner plus de crédit à son imposture, il portait le nom de la famille princière du cardinal Alfieri. Tout lui réussit d'abord et longtemps ; mais à la fin, comme il venait d'entrer en Russie, sa fourberie fut découverte. Arrêté, détenu, puis conduit aux frontières autrichiennes, et de là dans l'État papal, il fut mis en prison à Rome, puis colloqué à l'infirmerie des *Carceri nuove*, où il était surveillé comme un maniaque furieux. Le faux évêque passait des raisonnements les plus sages aux plus grandes extravagances. Il cassait tout, ne voulait obéir à personne, et se disait envoyé de Dieu, dont il était le vrai représentant sur la terre, avec la toute-puissance en partage.

LXVI

En même temps se trouvait là M. Rossi, administrateur et économe de l'Université de Rome, dite la *Sapienza*. Il appartenait aux meilleures familles de la capitale, et il jouissait en conséquence de faveurs inusitées. Placé dans une chambre séparée, non comme malade, mais comme privilégié, il y était traité avec distinction. On l'imputait d'avoir soustrait trente mille écus (environ 160,000 fr.) appartenant au collége qu'il administrait. Mais, M. Rossi affirmait et offrait de prouver, que le monsignor prélat, directeur du collége, s'était approprié cet argent. La pensée qu'on laissât le voleur libre, tandis qu'on tenait en prison un administrateur coupable seulement de négligence, le révoltait. Que d'exemples de faveurs et de partialités semblables on pourrait citer de la part du gouvernement clérical !

LXVII

Tergolina était toujours attendant que l'ordre de son envoi en exil fût donné, comme le révérend Cipolla le lui avait annoncé, au nom du révérend monsignor Ruffini, lorsque, à son grand regret il apprit que ce monsignor venait de mourir (8 novembre). Son esprit fut rejeté de nouveau dans l'incertitude et dans le doute. Il lui sembla encore une fois que la porte de sa prison était plus fortement fermée que jamais.

LXVIII

Le 22 novembre, l'ex-secrétaire de monsignor Ruffini, accompagné du secrétaire de la sacrée Consulte, vinrent aux *Carceri nuove*, firent comparaître Tergolina devant eux, et lui demandèrent s'il avait quelque chose à dire touchant les prisonniers ou les prisons, qui pût intéresser le gouvernement. Tergolina répondit avec indignation que les affaires d'autrui ne le regardaient point, et qu'il demandait seulement l'accomplissement de la promesse à lui faite par le défunt monsignor Ruffini, c'est-à-dire l'exil. Les deux secrétaires répliquèrent qu'ils n'avaient pas mission de parler d'exil; et, voyant qu'ils ne tireraient rien du prisonnier au sujet, de leurs investigations, ils s'en allèrent sans ajouter un mot.

LXIX

Mais la vengeance ne se fit pas longtemps attendre. Le greffier Néri vint annoncer au prisonnier qu'il avait ordre de le faire conduire aux cachots dits de *Termini*, lesquels sont également dans Rome. Tergolina demanda si l'ordre de son départ était arrivé : Néri répondit qu'il n'en doutait point, l'autorité ayant fait droit à ses réclamations. Et comme notre infortuné Vénitien savait que les prisonniers politiques de l'Etat étaient très souvent conduits précisément aux cachots de Termini avant leur libération, le voilà de nouveau qui se croit au moment d'être exilé. Une cruelle déception suivit de près cette espérance. Son camarade de prison, le docteur Gozzi, médecin dans l'Etat pontifical, qui n'avait jamais réclamé l'exil, arriva bientôt après, et sa main gauche fut barbarement jointe à la main droite de Tergolina, par les cruelles menottes de fer, que nous connaissons déjà.

LXX

Les deux martyrs du Pape furent en cet état conduits aux *Carceri di Termini*, où ils arrivèrent à dix heures du soir. On les enferma immédiatement dans la salle N° 4. Cette salle fétide et obscure, longue seulement d'environ 40 pieds, large de 14, et haute de 12, contenait déjà 71 autres prisonniers, tous pour délits communs. Des deux côtés étaient rangés ces maudits sacs de paille que nous avons vus ailleurs, avec une couverture sombre sur chacun. Un certain nombre de sacs se trouvaient, faute d'espace, colloqués au milieu de la salle, en sens contraire aux autres, afin de servir pour les derniers arrivés. C'est là que durent prendre place le docteur en médecine Gozzi et le docteur en droit Tergolina. Il serait impossible de dire tout ce qu'ils eurent à souffrir !

LXXI

Imaginez un local dégoûtant, habité par un ramas d'individus sans éducation ni mœurs, tenant un langage des plus licencieux, proférant des blasphèmes, disant des obscénités sans pareilles, faisant un bruit continuel, et troublant tout le monde de leurs cris importuns, sans nul souci du repos de personne ; ajoutez la grossièreté de gens qui, parce qu'il leur plaît d'être debout quand tout le monde est couché, passent effrontément sur le lit de celui qui veut dormir, sans que le malheureux ose se plaindre, sachant qu'il a affaire à des assassins ; opposez à cette scène révoltante le contraste de deux hommes à l'esprit le mieux cultivé, tenant aux meilleures familles, et qui ont passé leur vie au milieu d'une société d'élite ; songez à tout cela, et vous n'aurez encore qu'une idée imparfaite du supplice enduré dans cette nuit funeste par Gozzi et Tergolina! Encore fut-il heureux pour eux qu'il leur restât quelques sous, avec lesquels ils achetèrent l'appui et la protection du chef de cette canaille ! Sans cela les mauvais procédés auraient pu aller loin, et les coups se mettre de la partie.

LXXII.

Vers les deux heures du matin, nos deux docteurs s'entendirent appeler par le trou ouvert au milieu de la porte, et on leur ordonna de se tenir prêts pour le départ. L'espérance est tellement le partage des malheureux, que Tergolina vit une fois de plus luire à ses yeux l'exil tant désiré. Encore un rêve qui aura un terrible réveil ! A quatre heures, Gozzi et lui furent mandés définitivenent, et notre infortuné Vénitien demanda au gardien-chef, qui se trouvait sur son passage, s'ils prenaient la route de Civita-Vecchia. Il en aurait conclu sur-le-champ qu'ils allaient s'embarquer dans ce port pour quitter les Etats-Pontificaux. La réponse à sa question fut donnée par les carabiniers, qui lièrent les deux prisonniers ensemble avec les mêmes menottes de fer ! Sur une nouvelle demande de ces malheureux, les carabiniers répondirent qu'ils avaient ordre de les conduire à Palestrino.

Ils ne comprirent que trop bien l'un et l'autre le nouveau supplice qui leur était réservé! Palestrino est situé sur la route qui conduit au fort de *Paliano*, et ce fort avait été ouvert dans le mois de juin de cette même année (1852) aux condamnés pour cause politique!

LXXIII

On fit monter les deux martyrs dans une voiture, et des carabiniers, complétement armés, s'assirent en face d'eux. On peut imaginer si le voyage fut pénible pour deux hommes liés ensemble! En outre, le froid était vif, et Tergolina, qui était vêtu d'été et convalescent, demanda en vain une couverture ou un morceau d'étoffe quelconque pour le garantir contre un froid hivernal. Tout fut refusé: poliment, mais refusé. Arrivés à Palestrino, les malheureux captifs durent passer plusieurs heures dans l'étroite et rebutante prison du corps-de-garde des carabiniers. Ils reprirent ensuite leur lente et douloureuse course. Quand ils eurent atteint leur calvaire, ils se trouvèrent avoir fait 37 milles de chemin avec deux morceaux de pain noir et les quatre baiocchi accordés aux condamnés.

LXXIV

La prison de Paliano est divisée en quatre sections. A leur arrivée dans le fort, Tergolina et Gozzi furent mis provisoirement à la troisième section. Dix-sept compagnons qui s'y trouvaient déjà les accueillirent cordialement. Quelques heures plus tard, les deux captifs furent colloqués à la première section, laquelle était consacrée aux personnes de distinction. Cette section se trouvait divisée en plusieurs cellules très petites, qui contenaient chacune trois ou quatre prisonniers. Tergolina, mémoratif du bon accueil qu'il avait reçu à la troisième section, demanda itérativement qu'on l'y remît, et après deux jours, il fut fait droit à sa requête.

LXXV

La troisième section était composée d'une seule chambre ou prison, et elle était si étroite que les sacs se touchaient l'un l'autre: de sorte que pour se coucher il fallait monter non par les côtés, mais par le bas. Quant au fort, il était, avec le château annexé, la propriété du prince Colonna, qui, « à son éternelle honte, le prêta ou » le vendit au Pape, afin qu'il servît de prison à ses compatriotes, à » ceux qui, grands par les armes ou par les actions, avaient combattu

» ou devaient combattre pour la liberté d'une patrie qu'ils vou-
» laient appeler leur patrie. » (1)

LXXVI

Personne, excepté ceux qui ont été en prison, ne peut imaginer les sentiments de fraternité qui surgissent immédiatement entre captifs. Chacun connaît les souffrances des autres, et tous en parlent comme pour s'encourager réciproquement. Ces sentiments Tergolina les eut pour César Meloni, Adam Battistelli, François Leonelli, Dominique Cerroni et Louis Girolamini de Sinigallia; Joseph et François Trombetti, d'Imola; André Bononi et Jean Pareschi, de Ferrare; Muray, d'Ancône; Girolami et Perozzi, de Rome; François Constantini, de Fuligno; le docteur Pierre Ripari, de Crémone, depuis commandant général de l'ambulance de l'armée méridionale.

LXXVII

Avec la permission du vieux capitaine qui avait la direction du fort, Tergolina, dont la réputation d'avocat capable s'était rapidement établie, écrivait des suppliques, des demandes, des réponses, des défenses, des lettres, etc., pour les prisonniers des quatre sections. Il eut ainsi la satisfaction d'être utile à beaucoup de ses camarades, en faisant rendre gorge à des gens qui exploitaient le malheur, ou en obtenant justice d'un gouvernement qui ne sait guère ce que c'est que justice.

LXXVIII

Une autre occupation de notre Vénitien était celle d'inviter tous ceux qui le voulaient à étudier quelque chose dans les heures dites de récréation, ou dans celles de loisir. En Italie, et particulièrement dans les États-Pontificaux, les hommes, même d'une certaine condition, sont beaucoup moins instruits que ceux d'autres pays où le despotisme est depuis longtemps abattu. La proposition du docteur en droit fut donc acceptée avec reconnaissance, et bon nombre de captifs trouvèrent le temps moins long en acquérant quelque teinture de calligraphie, de grammaire, de littérature, de philosophie, de langues, et même de droit. La satisfaction qu'il éprouvait de rendre service à ses compagnons d'infortune, faisait aussi que les heures passaient plus vite pour le professeur.

(1) *Quatro anni nelle Prigioni del S. Padre; p.* 80.

LXXIX

Mais beaucoup n'eurent pas le temps d'apprendre. César Meloni, de Sinigallia, mourut d'avoir trop souffert ; le baron Sauveur Saberiani, de Bénévent, fut empoisonné ; un employé supérieur des postes succomba de douleur d'avoir été condamné aux galères comme suspect, sans aucune preuve, de correspondance avec Mazzini ; plusieurs périrent de besoin, d'autres de mauvais régime.

LXXX

La nourriture à Paliano était si exécrable que les prisonniers, quoique affamés souvent, ne pouvaient toujours manger les aliments qu'on leur servait. Un pain noir à moitié plein de matières viles et pesantes ; une soupe passablement sale et non assaisonnée ; du riz de la plus mauvaise qualité, mêlé de petites pierres et d'immondices sans nom ; des fèves de cheval ramollies par de la cendre, et tellement vieilles qu'il en sortait de grands insectes noirs en quantité innombrable ; les autres végétaux également remplis d'insectes de diverses espèces ; une eau mauvaise et contenant une foule de matières étrangères, jusqu'à de petits poissons vivants : voilà le régime alimentaire de Paliano ! On conçoit s'il devait faire des victimes !

LXXXI

Pendant un certain temps, l'administration donnait aux prisonniers un baiocco (un sou) par jour, en leur imposant l'obligation de filer du chanvre des plus grossiers ; mais la poussière qui en provenait était telle et en si grande quantité, qu'elle envahissait la gorge et altérait les poumons. Plusieurs tombèrent malades. Ils firent alors des représeutations au médecin du fort, qui attesta le mal et ses causes. La filature du chanvre cessa ; mais en même temps cessa la concession du baiocco journalier, qui permettait aux prisonniers de se procurer un peu de miel ou quelques figues. La privation, à la vérité, ne fut pas grande. Le miel fourni à ces malheureux eût pu servir de vinaigre, et les figues étaient si mauvaises qu'on eût dû plutôt les donner à des pourceaux qu'à des hommes !

LXXXI

Au milieu des occupations utiles qu'il avait su se procurer, Tergolina ne cessait pas un seul instant de songer à la liberté. Il renouvela donc la prière déjà faite à l'ambassadeur d'Autriche, d'intervenir en sa faveur. Ce diplomate lui écrivit (17 février 1853), pour lui demander en quel lieu il désirait être exilé. Le prisonnier répliqua aussitôt que son pays de prédilection serait la France. Mais trois mois se passèrent dans l'anxiété, sans qu'il arrivât aucun ordre de départ, Le 4 mars, le révérend Cipolla, toujours plein de sollicitude pour notre Vénitien, lui manda que le gouvernement romain paraissait être à son égard dans de meilleures dispositions, et qu'il espérait lui annoncer avant peu sa mise en liberté. Ce fut encore une espérance déçue !

LXXXII

Et cependant, tandis que continuait à souffrir, uniquement parce qu'il aimait l'Italie, celui dont le père était conseiller impérial royal, dont des oncles et des cousins avaient de hautes charges à la cour de Vienne, et que d'autres occupaient çà et là des postes distingués dans le civil comme dans le militaire : beaucoup de prisonniers condamnés pour différentes causes, même pour meurtres, de quinze à soixante ans de galères, obtenaient le bénéfice de l'exil et quelques-uns leur liberté entière. Il en fut ainsi pour Leali, Molini, Bucci, Berti, Diomilla, Catenacci, Govoni, Tronchet, Giustini, Clarisse, Bromiti, Amici, Tanni, Sabadini, et d'autres, quoiqu'aucun d'eux n'eût passé en prison la moitié du temps qu'y avait passé Tergolina.

Mais c'est précisément en ces injustices que se distingue la justice du Pape !

LXXXIII

Il y avait plus d'un an que Tergolina était enfermé à Paliano, lorsque deux frères de l'ordre de la passion, qui a quelque analogie avec l'ordre des jésuites, vinrent visiter les prisonniers. Ils se dirent expressément envoyés par le Pape. Tergolina leur parla avec franchise, quoique prudemment, de l'horrible régime auquel les captifs étaient soumis. L'un de ces religieux, nommé père Julien, eut compassion d'eux. Il se mit à les visiter de temps en temps, et quelquefois il passait dans le fort deux ou trois jours, à les confesser et à écouter leurs plaintes. Il s'efforçait ensuite de faire adoucir par le souverain une situation intolérable. La sacrée Consulte trouva que le père Julien protégeait trop les prisonniers, et elle le réprimanda vertement. Mais il faillit arriver pis que cela au passionniste coupable d'avoir des sentiments humains. Un matin, au moment où il allait prendre son café au lait, il s'aperçut et fit remarquer à d'autres, que le liquide contenait du poison. C'était le chef infirmier, assassin de profession, le même qui avait empoisonné le baron Saberiani, qui avait versé dans le lait de la belladone, probablement par suite d'ordres supérieurs (1).

LXXXV

Pour ajouter aux souffrances de la captivité, deux ou trois fois chaque nuit le gardien de la section, accompagné de trois ou quatre auxiliaires condamnés pour délits communs, portant des torches au vent et armés de longs bâtons, entraient dans les cellules, regardaient dans tous les coins, et allaient aux fenêtres battre avec une barre de fer sur les grilles, pour s'assurer qu'elles étaient en parfait état de sûreté. Éveillés à l'improviste par ces individus, qui jetaient sur eux des regards de damnés, les malheureux captifs se croyaient transportés dans la région des démons. Quelquefois on leur ordonnait âprement de se lever, pour fouiller dans leurs misérables sacs de paille et voir si quelque papier ou quelque instrument dangereux n'y serait point caché. En sortant, tout ce monde laissait une odeur tellement infecte que l'air fourni par l'étroite fenêtre, que le captif était forcé d'ouvrir, suffisait à peine à la chasser. On conçoit comment devait se passer le reste de la nuit!

De pareilles visites se faisaient aussi durant le jour. Dans une de ces occasions, Tergolina ayant trouvé son sac plus ouvert que d'habitude, et une odeur nauséabonde sortant du trou à inspection, il l'ouvrit un peu plus et reconnut avec horreur qu'il avait reposé sur un reptile dégoûtant, de la dimension de plus d'un demi-pied. Cet animal immonde était en état de complète putréfaction !

LXXXVI

Si quelquefois, dans le fort de Paliano, un prisonnier était reconnu désobéissant à la règle, ou coupable du plus léger manquement, même de respect, on le conduisait à la tour. Là, on lui mettait aux pieds les *balzes*, lesquelles consistaient en une chaîne de fer à sept anneaux, attachée à un cercle aussi de fer, embrassant la partie

(1) *Vincenzo di Tergolina : Quattro anni nelle Prigioni del S. Padre*; *pag.* 104.

inférieure des jambes. Mais les *ceppi* étaient bien pires. Ceux-ci consistaient en deux cercles semblables aux précédents, placés à la même partie du corps, ayant à l'extrémité postérieure un trou par lequel passait un morceau de fer droit et rond, de la longueur de plus d'un pied, formé avec des clous, et qui, pesant de 100 à 120 livres, obligeait le détenu à rester toujours dans la même position. Cela ne suffisait point. Quoique le pauvre malheureux, enchaîné de telle manière, ne pût faire plus d'un petit pas à la fois et en sautillant, au cercle de sa jambe droite était attachée une autre chaîne, nommée *braga*, composée de quatorze anneaux, et fixée à un fort anneau scellé dans le mur!

LXXXVII

Le captif était ainsi tenu de dix à trente jours, dormant par terre, et nourri de pain et d'eau tels que la plus dure nécessité pouvait seule y faire recourir. Afin d'augmenter son supplice, les gardiens et les auxiliaires venaient à chaque instant l'insulter de la manière la plus dégoûtante. Quelquefois, souvent même, l'injure était poussée jusqu'à cracher au visage de cet infortuné qui ne pouvait se défendre! Et les misérables qui torturaient ainsi des gens de cœur, dont plus d'un avait joué un certain rôle dans le monde, commettaient toutes ces atrocités comme des actions dignes de louanges, tant on les avait dressés au dédain pour des hommes coupables d'aimer l'Italie!

LXXXVIII

Les aliments, avons-nous dit, étaient détestables à Paliano. Trois fois les prisonniers restèrent sans pain et sans soupe, parce qu'ils n'avaient pu en ces occasions accepter ni l'un ni l'autre, qui étaient encore plus mauvais que de coutume. Ils furent pour ce refus tous privés de la promenade dans la petite cour, tous menacés de la *braga*, tous d'être attachés ensemble à la chaîne longue. On nommait ainsi une chaîne qui, passant par le dernier anneau de la braga, et par les anneaux fixés dans le plan de pierre sur lequel les prisonniers dormaient, joignait et réunissait tous les individus d'un même cachot. Tant que durait le sommeil ou plutôt le martyre de ces malheureux, les deux extrémités de la chaîne restaient assurées par d'énormes cadenas à deux anneaux plus forts que les autres, et scellés et incrustés aux murs.

LXXXIX

Cette longue chaîne est employée fréquemment dans plusieurs forteresses de l'Etat romain, et plus fréquemment encore à la Darsena de Civita-Vecchia. Durant la nuit, on attache ainsi, par 300 et même 500 ensemble, les 2,000 galériens qui se trouvent là. Aussi la santé des condamnés va-t-elle se détériorant chaque jour. Ce supplice n'est pourtant pas la seule cause qui agit sur leur organisation. La mauvaise nourriture, le manque d'air, le sommeil sur la pierre nue, avec une légère couverture et sans paille, ont bien aussi leur part dans les maladies. Que si quelqu'un attaché à la chaîne longue osait parler ou se mouvoir, à l'encontre des prescriptions en vigueur, il est aussitôt frappé par le bâton des *mazzi*. Et qu'est-ce que les *mazzi*? Les galériens les plus avilis par leur conduite, qui généralement accompagnent les gardiens, toujours munis de stylets dans leurs poches.

XC

Tergolina a été témoin de supplices encore plus horribles. Il déclare avoir vu lui-même (1), aux *CarceriNuove*, appliqués à des détenus imputés de délits communs, et coupables d'indiciscipline, le *cavaletto*, le *collare* de fer, et la *mordacchia*.

Le *cavaletto* se compose d'un morceau de pierre aussi dure que le marbre, devant lequel le patient est contraint de s'agenouiller, en mettant dessus sa poitrine. On lui attache au sol, avec des fers, d'un côté les jambes, et de l'autre les mains. Dans cet état, on le frappe sur le dos avec un nerf de bœuf, long d'environ deux pieds, préparé pour cet usage. Les coups varient de 25 à 30, selon la gravité présumée de la faute.

Le *collare* de fer est un anneau fermé au cou, et fixé au mur par une chaîne très courte. Le patient est debout, et on le laisse ainsi durant plusieurs heures. Ce supplice est appliqué aux détenus qui manquent de respect envers les gardiens.

La *mordacchia* est une espèce de ciseau ou pince de fer, au moyen de laquelle on saisit et maintient hors de la bouche, pour un temps qui est à la volonté du gardien-chef, une grande partie de la langue. Irritée et enflammée par la vive pression d'un corps étranger, la langue se gonfle tellement, qu'elle ne peut ensuite, pendant un long espace de temps rentrer dans la bouche ! La mordacchia est la punition réservée aux blasphémateurs, spécialement contre la Vierge et contre les Saints.

(1) *Quattro anni nelle Prigioni del S. Padre* ; p. 107.

XCI

En voyant de semblables cruautés, penserait-on qu'il s'agit de notre temps, et ne se croirait-on pas rejeté en plein moyen-âge? Penserait-on surtout que ces monstruosités se passent dans un État dont le chef se proclame vicaire de Jésus-Christ ?

Combien, s'il sortait de sa tombe, Beccaria, aurait-il à gémir sur la capitale de sa belle patrie, lui qui a dit : « On ne peut nier que » l'atrocité des peines ne soit directement opposée au bien public et » au but même qu'elles se proposent, celui d'empêcher les crimes.» Et plus loin : « Les pays et les siècles où l'on mit en usage les plus » barbares supplices, furent toujours déshonorés par les plus mons- » trueuses atrocités (1). »

Pour compléter l'édification du lecteur, nous dirons que, au rapport de Tergolina, ce ne sont pas seulement les blasphémateurs de la Vierge et des Saints qui endurent les supplices dont nous venons de parler, mais aussi les offenseurs ou les supposés offenseurs du Pape-Roi !

XCII

A un mille environ du fort de Paliano est située une montagne de moindre hauteur que la montagne sur laquelle le fort lui-même est assis. Là se trouve une espèce de puits profond, sans limite connue, ayant à son ouverture un plan de pierre incliné vers le bas. Les prisonniers n'avaient point d'autre cimetière ou tombeau. Aussitôt qu'un d'eux mourait, ou peu après, il était transporté au puits, par les auxiliaires, sur une échelle de campagne, sans cercueil, à peine enveloppé dans une toile d'emballage, et jeté sur le plan de pierre, puis lancé dans la profondeur, sans autre souci de ce qu'il deviendrait. Souvent même un cadavre servait à pousser plus avant dans l'abîme un cadavre porté antérieurement.

XCIII

Cette manière d'être enterré causait un grand effroi aux détenus de Paliano; mais Tergolina en fut pour la peur. Il ne devait pas mourir captif. Après quatre années d'emprisonnement, il venait enfin de recevoir une lettre de sa mère, qui, jusque-là, n'avait pu seulement savoir où il était. La pauvre femme envoyait à son fils un peu

(1) *Traité des délits et des peines.* A Paris chez J. Fr. Bastien. 1773. 1 vol. in-12; p. 28 et 133.

d'argent, et elle lui disait (24 septembre 1854) qu'elle et ses parents faisaient d'incessants efforts pour obtenir sa libération. Le cœur du prisonnier se brisa quand il vit que la lettre ne parlait ni de son père, ni de sa femme, ni de sa sœur, ni de ses fils. Seraient-ils donc tous morts? Non; mais le gouvernement papal n'avait pas voulu qu'on portât à la fois trop de consolations au captif; et la désolée mère avait dû faire une lettre qui pût franchir les grilles du cachot!

XCIV

Le 12 décembre suivant, le gouverneur de Paliano vint dans le fort et fit appeler Tergolina. A peine le prisonnier eut-il paru devant lui, le gouverneur lui lut un papier, daté du 8, par lequel le Pape accordait l'exil à sa victime.

Cette commutation était due, non à l'esprit de justice, mais à l'active intercession de la mère du captif, et aux personnes puissantes qu'elle avait mises en mouvement. Si Tergolina n'avait eu pour lui que son droit, il est probable qu'il serait mort dans les cachots pontificaux !

Le gouverneur demanda au prisonnier en quel lieu il désirait aller, se réservant de lui faire connaître plus tard les déterminations supérieures. Tergolina répondit encore que de préférence il choisirait la France, mais que, si on l'exigeait, il irait ailleurs. Il ne parla point de l'Angleterre, ayant entendu dire qu'on ne délivrait jamais de passeport pour ce pays. Il n'ajouta aucune parole de remercîment. Comme il n'avait commis aucun délit, il ne trouvait pas de raison pour rendre grâce de la liberté qu'on lui accordait, liberté d'ailleurs incomplète. Sa pleine liberté lui avait été ravie arbitrairement. On lui devait, et depuis plusieurs années déjà, une liberté entière, même avec compensation pour les douleurs souffertes. Le Pape ne lui rendait qu'une partie de sa liberté, et sans indemnité : le Pape restait donc doublement son débiteur.

XCIV

Quinze jours plus tard, le 29 décembre, le gouverneur fit de nouveau appeler Tergolina, et lui annonça qu'on lui permettait de se rendre à Marseille, toutes dépenses à sa charge. Il lui fit ensuite souscrire un protocole écrit par son greffier, dans lequel le captif devait prendre l'engagement de se tenir perpétuellement exilé des États-Pontificaux en particulier, et *en général de tous les États d'Italie,* à peine d'une année de détention.

XCV

Le prisonnier adhéra sans hésitation à tout ce qu'on voulut ; car ce qui lui importait c'était de sortir des griffes cardinalesques. Mais que penser de cette prétention papale, de vouloir tenir des hommes éloignés de pays sur lesquels on n'a aucun droit ? Est-ce que Modène, est-ce que Parme, est-ce que la Toscane, les Deux-Siciles, etc. subissaient la juridiction du Pape ? Et n'est-il pas ridicule de voir menacer d'une année de prison l'homme qui se rendrait dans un de ces États ? Comment emprisonner à Rome un exilé qui se trouve à Florence ou à Naples ? Il aurait donc fallu que le souverain du pays, par une entente infernale, livrât à la police romaine le transgresseur de la sentence papale !! qui sait ?... Peut-être les choses étaient-elles convenues ainsi !!! Heureusement qu'il n'y a plus ni duc de Modène, ni duchesse de Parme, ni grand duc de Toscane, ni roi des Deux-Siciles !

XCVI

Avec Tergolina, un grand nombre de ses compagnons de captivité, presque tous condamnés à une détention plus longue que la sienne, furent mis en pleine liberté, quoique sujets pontificaux, tandis que lui était étranger. Il y eut pourtant un sujet pontifical, l'excellent avocat Bubbani, de Bagnacavallo, qui fut aussi exilé, mais seulement des États de l'Église, et il eut l'avantage de pouvoir aller aux frontières en voiture, moyen bien différent de celui qu'on devait prendre pour accompagner notre Vénitien.

Toutes ces grâces avaient été concertées pour célébrer la grande fête du 8 décembre (1854), jour où une réunion de plus de 200 évêques s'était tenue à Rome pour la déclaration du souverain pontife, que la vierge Marie est immaculée dans sa naissance et dans sa conception.

XCVII

Après de nouvelles tribulations, que nous raconterons peut-être un jour, Tergolina dit enfin adieu à Paliano, s'embarqua à Civita-Vecchia, débarqua à Marseille, et vint à Paris retrouver son vieil ami Manin.

FIN.

PARIS. — IMP. FÉLIX MALTESTE ET Cie, RUE DES DEUX-PORTES-S.-SAUVEUR, 22.

OUVRAGES DE J.-B. CHARLES PAYA.

3

Nous ne suivrons pas l'historien dans son récit de la révolution napolitaine ni dans l'exposé des causes qui la firent avorter. La principale fut de s'être fié à la bonne foi du duc de Calabre et d'avoir cru qu'il était sincèrement dévoué à la constitution. Le fils n'en voulait pas plus que le père, et il le fit bien voir plus tard. Il jouait dans la comédie dynastique le rôle ordinaire de l'héritier de la couronne : il faisait semblant d'être de l'opposition.

M. Paya nous fait assister aux exploits de ces routiers pendant les journées qui suivirent le guet-apens du 15 mai, dans lequel la révolution, surprise et trahie, succombe après avoir brûlé sa dernière cartouche. C'est cette plèbe encore qui tient Naples sous son poignard.

Les Bourbons de Naples se transmettent le fanatisme et le pouvoir absolu comme des maladies héréditaires. Quelques personnes prétendent, il est vrai, qu'on a vu des dynasties atteintes de maladies semblables en guérir radicalement. Nous avons toujours douté de ce miracle, pour notre part, et nous en doutons bien plus encore après avoir achevé la lecture du remarquable ouvrage de M. Paya.

TAXILE DELORD.

Il Diritto, de Turin. — Nous avons déjà annoncé le livre qu'un Français a publié récemment sur les événements de Naples. Ce livre est écrit avec tant d'affection pour la cause de l'Italie et de la liberté, qu'un écrivain proprement italien n'aurait pu en éprouver d'avantage.... Les Italiens ne doivent pas peu de gratitude à M. Paya d'avoir épousé avec tant d'amour la cause d'un peuple souffrant, et révélé à ses compatriotes, souvent trompés par leur facile esprit, la vraie et longue Iliade des malheurs particuliers qui pèsent sur la plus belle des terres italiennes.

Le *Charivari*. — C'est un sujet actuel, s'il y en eut jamais, et pourtant le travail de M. Paya n'a aucun des défauts qu'engendre trop souvent l'actualité ; ce n'est pas un pamphlet, mais une belle et sérieuse histoire, chaleureuse, convaincue, jamais injuste ni passionnée.

Ici d'ailleurs la passion serait vraiment du luxe. Calomnier les Bourbons de Naples, à quoi bon ? La vérité toute simple leur est bien assez redoutable ; il suffit de laisser la parole aux faits qui forment un corps de réquisitoire écrasant.

J'insiste sur le côté actuel du livre de M. Ch. Paya, parce que c'est le plus intéressant, mais ce n'est pas le seul qui attire l'attention et puisse être étudié avec fruit. Comme on le voit par le rapprochement des dates qui lui servent de sous-titre, il commence à la conquête des Normands pour ne s'arrêter qu'aux derniers événements, au coup de main de Pisacane. L'action de la France s'exerce constamment sur ce pays, représentée successivement par Robert Guiscard, René d'Anjou, Charles VIII, Louis XII, Championnet, Joachim Murat.

Ces premiers chapitres de l'ouvrage de M. Paya n'offrent naturellement qu'un résumé rapide de faits qui doivent trouver le lecteur indifférent et ne sont plus bons qu'à fournir des sujets d'opéra comme *Robert le Diable* et *Masaniello* ; mais à mesure que nous arrivons à des récits plus en rapport avec nos sentiments et nos idées modernes, le cadre de l'historien s'agrandit et les tableaux se développent dans des proportions suffisantes pour que l'œil et l'esprit puissent distinctement en saisir tous les détails. Entre autres morceaux très remarquables, il faut citer celui sur l'organisation du carbonarisme et l'examen des trois constitutions de Naples. Il s'agissait de faire tenir dans le cadre si restreint d'un volume tout ce qu'il importe de connaître pour être en état de bien comprendre la question napolitaine et de la juger en parfaite connaissance de cause. C'est ce qu'a voulu faire M. Paya, et c'est à quoi il a pleinement réussi. Sans cesser un instant d'être vivifié par le souffle démocratique, son livre n'est point une œuvre de parti dans le sens étroit du mot, mais une histoire élevée, philosophique, acceptable par tous, comme le prouvent les éloges qui lui ont été donnés par des écrivains dont les tendances n'ont jamais effrayé ces esprits timides pour qui le mot de liberté est toujours synonyme de bouleversement. CLÉMENT CARAGUEL.

Courrier de Paris. — Tous les livres qui nous parlent de l'Italie sont lus avidement. L'Italie, ce cadavre plus douloureux à contempler que celui d'un homme, cette patrie italienne couchée sur un lit funèbre comme la patrie polonaise, cette nation veuve d'un de ses grands et légitimes espoirs sans lesquels tout est obscurité et néant, l'Italie est, pour ainsi dire, notre patrie à tous, et son histoire est la nôtre.

Nous avons donc lu avec avidité : *Naples*, par M. Charles Paya.

Nous connaissons peu l'histoire de Naples, et, pour la plupart des Français, elle se résume tout entière dans cette fameuse insurrection que l'ingénieux esprit de M. Scribe et la charmante musique de M. Auber ont popularisée au théâtre. Le livre de M. Charles Paya, qui consacre quelques pages à peine à l'histoire de Naples depuis les temps les plus reculés jusqu'à la fin du dix-huitième siècle, nous raconte en détail les grands événements qui ont rempli les dernières années de ce siècle et ce qui s'est écoulé du nôtre.

S'en tenir à l'exactitude du récit, l'écrire avec chaleur et conviction, mais sans esprit de système; en faire découler naturellement les leçons qu'il renferme; lui laisser l'aspect de l'époque qu'il rappelle ; savoir se dissimuler derrière les faits et les respecter comme des maîtres qui seuls peuvent et savent bien dire : c'est là un grand mérite devenu rare aujourd'hui : nous sommes plus ambitieux qu'exacts, et nous aimons trop la doctrine pour nous soumettre aux faits ; nous leur donnons une singulière flexibilité, nous leur apprenons à plier sans rompre. L'ouvrage de M. Paya n'est pas compris ainsi : c'est une narration véridique, sincère, généreuse, d'une histoire pleine de drames sanglants et d'un intérêt puissant et soutenu ; une narration concise, rapide, faite d'une plume élégante et correcte.

PAUL D'IVOY.

L'Independente, de Turin. — La catastrophe de 1799, dans laquelle la monarchie des Bourbons de Naples, d'après tous les historiens, italiens et étrangers, surpassa de bien loin la méchanceté de la république robespierrienne française, est racontée par M. Paya avec une rare impartialité et enrichie de plusieurs anecdotes, non toujours entièrement neuves, mais souvent restituées à leur vrai sens historique, et rendues plus aptes à répandre la lumière sur les perfidies proverbiales de Marie-Caroline d'Autriche, lesquelles enlevèrent au gouvernement des Bourbons de Naples la bonne direction qui lui avait été donnée par les fondateurs de leur dynastie, et furent l'occasion principale des féroces et stupides persécutions qui, sous les règnes du premier Ferdinand, de François Ier et de Ferdinand II, corrompirent tous les germes de bien dans ces admirables provinces de l'Italie, et tuèrent de diverses morts cent cinquante mille citoyens distingués, non pour autre faute, comme l'a justement affirmé Colletta, à la fin de son histoire, que le désir d'améliorer les conditions de leur terre natale et pour leur amour de l'Italie. *

L'Unione, de Turin. — Si, par hasard, il y avait quelques hommes qui n'eussent pas encore accordé une foi suffisante aux *Lettres de William Gladstone*, aux œuvres écrites par tant d'historiens et publicistes italiens et étrangers, aux journaux de toute l'Europe, au cri d'indignation de la chrétienté entière, aux débats animés dans le sein des récentes conférences de Paris, et aux censures des cabinets des Tuileries et de Saint-James dans la rupture des relations avec la cour de Naples, qu'on lise, de grâce, les cent dernières pages du livre de M. Paya, puisées à des sources, la plupart non italiennes, et qu'on demande ensuite à sa propre conscience si la somme des injustices reprochées jusqu'à nos jours à tous les gouvernements du monde n'est pas inférieure à la somme des injustices commises dans le court espace de dix années par le gouvernement des Deux-Siciles. *

Courrier franco-italien. — L'histoire du royaume de Naples, que M. Charles Paya vient de publier à Paris, n'est pas seulement un bon livre, c'est une œuvre éminemment patriotique. Nous devons renoncer, et c'est à notre grand regret, à apprécier ici l'œuvre politique. Quelques critiques l'ont déjà fait dans plusieurs journaux, d'autres le feront encore, car ce livre est destiné à avoir un certain retentissement dans le monde diplomatique. L'écrivain, patriote dévoué, n'appartient pas au parti haineux, intolérant, exagéré. Il s'est mis à la recherche de la vérité, et nous sommes fondés à croire qu'il l'a atteinte. La modération de son langage est à la hauteur du but qu'il poursuit; point de mots retentissants, point de phrases à effet, point de déclamations, d'exagérations, d'insultes. Les leçons de l'histoire sont des leçons philosophiques qui se passent des artifices oratoires, et l'histoire de Naples est toujours si intéressante, parfois si poignante et si terrible, que M. Paya a dû s'efforcer plutôt d'en mitiger que d'en relever l'expression dramatique.

L'auteur commence son livre par l'avénement de Roger II, *roi de Sicile, duc d'Apulie et prince de Capoue*, c'est-à-dire souverain de tout ce vaste et riant territoire que les traités de 1815 ont appelé royaume des Deux-Siciles. Il nous trace en peu de mots le tableau du règne de Frédéric II de Souabe, de Mainfroi, de Charles d'Anjou, des Vêpres siciliennes, des malheurs de Jeanne Ire, des crimes et débauches de Jeanne II, des malheurs de René, de la domination française à Naples, de la conquête espagnole, des efforts de Masaniello, de la conspiration de

Cellamare, de l'avénement des Bourbons, de leurs rapports avec l'Autriche, de la régence Tannucci, des fautes de Ferdinand III et de Marie-Caroline, des faits galants et militaires de Nelson, et de la conquête des Français républicains. Tous ces événements sont racontés d'une manière rapide et claire. Le style de M. Paya n'a pas l'ampleur et la puissance du style de Colletta, mais il n'en produit pas moins les mêmes effets. Soixante pages ont suffi à notre écrivain pour raconter tant de faits importants et distincts. Le lecteur suit sans peine, et avec un intérêt toujours croissant, ce récit concis où sont groupés et habilement reliés l'un à l'autre tant de systèmes contradictoires, tant de choses disparates, toutes plus ou moins fatales à l'avenir du pays.

M. Paya aborde ensuite l'histoire moderme depuis 1800 jusqu'à 1857. Dans ce travail si difficile, si palpitant d'actualité, il se montre plus à l'aise : le style est alors d'une largeur digne du sujet ; il parle en homme non seulement convaincu, mais qui possède le moyen de convaincre ses lecteurs. Nous ne connaissons pas le passé de M. Paya, mais nous sommes persuadés qu'en tête de la seconde partie de son livre il pourrait graver les mots : *Quorum pars magna fui*. Cet ouvrage ne nous a rien appris de nouveau, à nous qui dès l'enfance suivons pas à pas l'histoire des grandeurs et des malheurs de toutes les provinces italiennes ; mais il étonnera la presse indépendante, si jamais la vérité peut frayer sa voie à travers les haines des partis.

Nous en recommandons la lecture à tous ceux qui s'intéressent de l'Italie, à tous ceux qui n'ont pas désespéré de l'avenir de cette *Alma parens*, et nous nous plaisons à répéter que M. Paya, par cet ouvrage d'une portée immense, n'a pas fait seulement un bon livre, mais une œuvre éminemment patriotique.

C. FERRARI.

JOSEPH GARIBALDI.

Le *Courrier de Paris*. — Le nom de Garibaldi brille d'un vif éclat parmi les noms des individualités célèbres que les circonstances improvisent. L'histoire offre peu d'exemples d'hommes qui, partis de si bas et parvenus si haut moralement, soient restés aussi constamment fidèles à leurs convictions.

Le peuple, le peuple de tous les pays, aime et admire Garibaldi, parce que ce héros est sorti de ses rangs ; parce que cet homme représente l'amour de la patrie et de la liberté.

Garibaldi est fils d'un pêcheur de Nice. Sa main d'enfant durcie déjà par le travail, a manié le gouvernail et la rame. Et cependant cette main, plus tard, a pressé des mains royales.

Quel immense contraste entre le Garibaldi d'autrefois et celui d'aujourd'hui, entre le jeune marin de la plage de Nice et le chef populaire de la révolution italienne ! Que de degrés immenses Garibaldi a dû franchir pour prendre le poste glorieux qu'il occupe aujourd'hui !

Un écrivain de talent, M. Charles Paya, vient de nous raconter, dans une publication récente, la vie du célèbre aventurier. Rien de plus attachant et de plus instructif à la fois que cette biographie complète, qui prend Garibaldi à sa naissance et ne l'abandonne qu'aux derniers événements, au moment de la dissolution de la société de *la Nazione armata*, dont Garibaldi était le président.

Aventures extraordinaires, épisodes émouvants, luttes grandioses pour le triomphe de la liberté en Italie et en Amérique, ce récit embrasse toute la vie de Garibaldi, et l'on a besoin de se rappeler, en le lisant, que ces faits sont contemporains de la génération présente et que le héros n'est point emprunté aux légendes historiques du moyen-âge.

La vie de Garibaldi contient toute une odyssée. Jamais création imaginaire ne présenta un intérêt plus vif et plus soutenu. M. Charles Paya rapporte les faits avec une fidélité et une impartialité que nous avons pu faire contrôler par des témoins oculaires. Son style est simple, sans prétention, mais toujours dramatique et coloré. ÉMILE LE TELLIER.

Le *Causeur*. — Garibaldi est un de ces hommes dont un siècle a droit de s'enorgueillir. La vie de ce grand capitaine est mal connue ; ses ennemis essaient de le représenter comme une sorte de *condottiere*, le peuple voit en lui un personnage fabuleux, légendaire. Garibaldi est tout simplement un excellent homme, d'une ardeur encore juvénile, n'ayant qu'un but : l'affranchissement de sa patrie. Sa vie a été un continuel combat contre le destin ; il a été tantôt commerçant, tantôt marin, tantôt général. Il a souffert comme souffrent les grands cœurs. Aujourd'hui sa tâche n'est pas encore terminée. Mais Garibaldi est aussi prudent que brave : il sait attendre. M. Charles Paya a publié sur Garibaldi une étude instructive : certains récits, par exemple, la retraite de Rome, remplissent le cœur d'effroi, de pitié et d'admiration. M. Charles Paya aime son héros, et nous le fait aimer.

CHARLES HABENECK.

Le *Charivari*. — Il n'y a pas d'hommes que la réaction haïsse plus que Garibaldi, sans doute parce qu'il n'y a pas de cœur plus noble, de patriote plus désintéressé et plus loyal. Toutes les calomnies inventées pour ternir une si belle vie rempliraient des volumes, mais la vérité finit toujours par reprendre la place usurpée par le mensonge. Un écrivain consciencieux, M. Charles Paya, vient de publier l'histoire de cette existence toute de dévouement et de courage qui dans un siècle aussi positif que le nôtre a l'étrange destinée de tenir du roman et de la légende. L'historien de l'illustre patriote n'avait qu'à rester simple et vrai pour être intéressant ; il a atteint ce but avec un rare bonheur. C'est dans son livre qu'on apprendra à connaître le véritable Garibaldi, celui qui restera comme une des plus pures et des plus grandes figures de l'Italie.

CLÉMENT CARAGUEL.

Le *Siècle*. — Quelle légende que les guerres de la révolution ! quelle fabuleuse épopée ! Garibaldi sera un de ses héros. La liberté des peuples le comptera parmi ses apôtres. Déjà, de son vivant, il a au front cette auréole ; que sera-ce quand le temps et l'éloignement auront grandi cette jeune renommée qui ne doit rien qu'à elle-même, qu'à la vertu du principe auquel Garibaldi a voué son existence !

Ses historiens abondent ; parmi eux, M. Charles Paya, une des plus courageuses victimes de nos luttes politiques, vient de prendre la première place. Son livre a la vive allure d'un poëme en même temps que la gravité de l'histoire. On croirait lire un roman en suivant Garibaldi à travers les phases si diverses de sa vie aventureuse. Cet homme est né, a grandi avec une passion dans l'âme, une sainte et généreuse passion : l'amour de la patrie et de la liberté ! Fils d'un pêcheur, il a été bercé pour ainsi dire par les flots bleus de la Méditerranée. La mer est son élément ; une inquiète activité le dévore. La patrie ! la patrie opprimée ! que pourra-t-il faire pour elle, pour sa délivrance ? Sa pensée ne se détache pas un instant de ce but sacré.

Il court le monde. Il offre ses services au bey de Tunis, qui les accepte ; mais sur cette scène étroite, il meurt d'oisiveté et d'ennui. Le nouveau monde tressaille, des peuples s'agitent dans l'Amérique du Sud pour conquérir leur liberté. Il y court, il se met au service des causes généreuses, accomplissant des prodiges avec une poignée d'hommes, désintéressé autant que brave et entreprenant, et ce n'est pas peu dire ! Mais son œil et son cœur sont toujours tournés vers sa mère absente, vers cette noble Italie à laquelle sa vie est vouée.

Il entend au loin le coup de foudre de 1848, et il accourt à travers mille obstacles. « Acceptez-moi comme soldat, » dit-il à Charles-Albert ; et le roi a peur de l'influence de cet homme. Garibaldi va à Rome ; il est élu député à l'Assemblée constituante. Mais il est homme d'épée plus que de parole : il organise la défense de Rome et il y fait merveille.

Cette partie du remarquable travail de M. Charles Paya est traitée avec un soin scrupuleux. Il a mis en évidence toutes les fautes qui furent alors commises. C'est la première fois ce nous semble, que l'histoire raconte impartialement cet épisode terrible qui eut de si douloureuses conséquences. Ce n'est pas ici le lieu d'entrer dans le détail de ces événements si dramatiques que les passions contraires ont étrangement travestis. Nous nous bornons à signaler à l'attention des lecteurs cette partie très importante de l'œuvre de M. Paya.

Que de généreuses espérances furent alors brisées ! quels beaux rêves évanouis ! Proscrit, dépourvu de ressources, Garibaldi dut quitter la Péninsule ; mais la foi ne s'éteignit pas dans son cœur. « Je reviendrai, dit-il, et l'Italie sera libre ! »

Alors recommencèrent les chances, les émotions, les périls de la vie aventureuse. Garibaldi va en Chine ; il se fait industriel à New-York ; il est accueilli triomphalement à Lima. Partout sa réputation légendaire le précède, partout il porte l'Italie dans son cœur. L'heure sonne enfin, l'heure de la délivrance. Garibaldi arrive en toute hâte ; il est le premier au rendez-vous, le premier sur le champ de bataille.

On sait ce qu'il a fait pendant cette glorieuse campagne. Son historien le raconte avec une chaleur qui émeut. Cette partie du livre est un des récits les plus exacts et les plus complets qui aient été publiés de cette guerre d'Italie, dont les résultats seront si considérables. L'histoire de M. Paya restera comme le monument le plus parfait qui ait été élevé à la gloire de ce héros modeste, dont la physionomie sera certainement une des plus originales figures de notre siècle, et, je le répète, de notre grand siècle. LOUIS JOURDAN.

La *Revue européenne.* — Le récit de M. Charles Paya, qui tient constamment l'intérêt en éveil, est fort attachant; il emprunte à sa rapidité même un attrait de plus. L'auteur groupe les faits avec talent et impartialité : il cite une quantité notable des documents qui établissent la part importante de renommée et de gloire revenant à Joseph Garibaldi dans les événements dont l'Italie a été le théâtre pendant la guerre; et il reproduit les diverses appréciations de nos principaux écrivains sur l'homme et sur ses actes. A. B.

La *Perseveranza*, de Milan. — Les faits splendides, épisodiques, mais entièrement italiens, de l'illustre général Garibaldi ont été, par de célèbres écrivains français, mis en une telle évidence, que ceux de leurs héros nationaux n'en ont jamais plus obtenu. L'ouvrage récemment publié par M. Charles Paya, avec de belles illustrations de Janet Lange, suivant peu à peu la vie de notre excellent champion, depuis la sortie du berceau jusqu'à la dernière retraite dans sa petite île de Caprera (où la chère mémoire de son unique épouse, la fidèle et malheureuse Annita, lui adoucirent l'angoisse de ses chagrins les plus cuisants), jette beaucoup de lumière autour du développement de la très sainte idée qui pousse les peuples italiens à se constituer en un seul corps de nation. P. S. L.

Le *Mémorial de Lille.* — J'ouvre à l'instant un livre dont l'auteur ne saurait être suspecté de malveillance à l'endroit du chevaleresque général. Je veux parler de l'étude historique sur l'Italie, par M. Charles Paya, fort connu d'un certain nombre de journaux de département dont il a été le correspondant à une autre époque. Ce livre de M. Paya, qui est plus spécialement la biographie illustrée et développée de Joseph Garibaldi, avec deux portraits gravés sur acier et un grand nombre de dessins charmants qui sont de nature à buriner dans la mémoire du lecteur les faits les plus saillants de la guerre, ce livre, dis-je, se termine par le passage que je transcris ici...

On ne saurait certes s'empêcher d'applaudir à une sympathie ainsi exprimée, mais ce sont là des nuages qui ont passé sur les plus illustres têtes sans en assombrir l'éclat. Que l'Italie se réveille de nouveau pour compléter son affranchissement, et la figure de Garibaldi se dégagera aussi radieuse que jamais, car Garibaldi est devenu un homme trop important, pour me servir des paroles de M. Paya, pour ne pas s'élever de toute sa hauteur au-dessus de ces misérables défaillances de l'humanité. Comme Lafayette, Garibaldi a été le héros des deux mondes, et de même qu'on ne pouvait écrire il y a trente ans, un livre sur l'Amérique sans unir le nom de Lafayette à celui de Washington, de même tout écrivain qui passe l'Atlantique, trouve le nom de Garibaldi aussi vivant à Montevideo, au Pérou et au Brésil, qu'il l'est dans toute l'Italie. HENRI FERRIER.

DE L'ORIGINE DE LA PAPAUTÉ.

Le *Causeur.* — La papauté aujourd'hui si puissante que d'un signe elle peut bouleverser le monde catholique, a eu pourtant une très humble origine. Ces papes si fiers, qui veulent courber sous leurs ordres tous les peuples de l'Europe, n'étaient dans les premiers siècles de l'ère chrétienne que de simples évêques, comme ceux de Carthage ou d'Alexandrie.

Nous ne pouvons suivre M. Charles Paya dans le récit qu'il nous fait de ces premiers temps de l'église chrétienne, mais nous ne pouvons qu'applaudir à la généreuse idée qui lui a inspiré cet ouvrage. C'est un service rendu à la cause du progrès que d'éclairer les gens sur ce pouvoir papal, au nom duquel un parti anti-français cherche à bouleverser les consciences. Ce livre est le résultat de longues et consciencieuses recherches; l'auteur n'a négligé aucun document; il connaît mieux qu'un théologien l'histoire de toutes les sectes hérétiques qui divisèrent l'église; il prouve d'une manière irréfutable que Constantin et les empereurs, ses successeurs, qui fixèrent par eux-mêmes, ou firent fixer par des conciles présidés par eux, les points les plus importants de la religion, ignoraient jusqu'aux vérités les plus élémentaires de la foi.

M. Charles Paya n'est point seulement un savant, c'est un écrivain fort habile, qui sait dramatiser tous les événements qu'il raconte. Son ouvrage ne plaira point aux ultramontains, mais il sera lu avec empressement par tous les esprits qui aiment la vérité dans l'histoire. EDMOND PANNIER.

Revue contemporaine. — Les adversaires les plus bruyants de la papauté ne sont pas en ce moment les érudits. Il semble que les plus sérieuses menaces ne soient pas adressées au saint-siége par la science, et que le péril serait moins grand pour l'autorité pontificale de Rome, si les attaques violentes de l'action n'étaient point venues succéder aux attaques paisibles de la pensée. Il y a cependant peut-être un lien plus intime qu'on ne le croirait d'abord entre celles-ci et celles-là. Il serait curieux d'examiner la part que peuvent réclamer l'érudition historique et l'activité de la pensée scientifique dans la guerre déclarée depuis quelques temps, ouverte aujourd'hui, contre la papauté catholique. M. Charles Paya représente assez bien l'hostilité érudite des adversaires du saint-siége. C'est un ennemi et un vrai soldat : il a écrit une étude intéressante sur Garibaldi, et il en parle comme un officier subalterne parle d'un général. C'est un savant : M. Charles Paya vient de donner au public un volume de 200 pages sur l'origine de la papauté, où la question posée est étudiée avec une érudition réelle...

Les derniers chapitres de l'ouvrage sont ceux où l'auteur donne les meilleures preuves de ses connaissances historiques. Il expose avec clarté les désordres intérieurs qui, dans les premiers siècles, éclatèrent dans le sein de l'Église, les hérésies qui s'y développèrent ; on voit que M. Paya a fait une étude très sérieuse des travaux de la science en Allemagne et en Angleterre, dans ce que ces travaux ont de relatif à l'histoire des premiers temps de l'église... FRANÇOIS BESLAY.

Revue critique. — Cet opuscule peut servir de commentaire au précédent *(Histoire des excommuniés)*; mais c'est un commentaire très supérieur au texte. On y verra comment fut établie la papauté, quelles vues ambitieuses présidèrent à sa fondation ainsi qu'à ses développements successifs, et par quels moyens elle accrut son pouvoir. M. Paya n'est pas de la même école que M. de Bussy. Au lieu de phrases déclamatoires, il cite des faits et laisse la controverse de côté pour chercher à répandre quelque lumière sur les origines fort obscures de l'infaillibilité papale. L'examen impartial des rares documents relatifs au premier siècle de l'ère chrétienne, montre qu'à cet égard les prétentions de l'Église romaine manquent d'une base solide. Il en ressort évidemment que la papauté, loin d'être instituée par Jésus-Christ, fut plutôt une espèce de concession faite aux idées antérieures. La multiplication des sectes entraîna le christianisme à recourir aux formes sacerdotales qui donnaient tant d'influence à ses adversaires soit juifs, soit païens. Pour dominer les masses, la religion nouvelle dut avoir aussi son grand pontife, et l'entourer autant que possible du même prestige en s'appropriant beaucoup d'autres accessoires des anciens cultes. L'établissement d'une autorité souveraine en matière de foi devint bientôt l'objet principal des efforts. Cette tendance fut singulièrement favorisée par l'invasion des barbares. La suprématie spirituelle put grandir au milieu des ruines de l'empire romain, d'autant mieux que le désordre de l'état social lui permettait d'employer la violence et la ruse aussi bien que la persuasion. L'énergie indispensable pour accomplir une telle œuvre ne s'accordait guère avec les scrupules religieux. Cela se comprend, et comme le dit M. Paya, l'exposé des faits suffit pour mettre les lecteurs à même de juger « si c'est du ciel que les papes ont reçu le droit de maudire les princes de la terre! »

UN PRISONNIER DU PAPE.

Le Siècle. — Une brochure intéressante est celle que notre collaborateur M. Paya vient de publier sous ce titre : *Un Prisonnier du Pape.* M. Paya a en effet été emprisonné à Rome, et le récit de ses infortunes, de ce qu'il a vu dans la capitale du monde chrétien, donne en même temps une très pauvre idée de la protection dont notre ambassade y couvre nos compatriotes, une juste idée de la moralité et de la force de ce gouvernement qui croulerait demain si demain la France cessait de le soutenir. La brochure de M. Paya sera lue avec un vif intérêt. Émile de la BÉDOLLIÈRE.

Phare de la Loire. — Permettez-moi de vous présenter un *Prisonnier du Pape* ; ne lui refusez pas le pain et le sel : ce n'est pas un excommunié, il a au contraire lu et relu dans sa cellule, lorsqu'il était au secret, un livre de piété. Il avait demandé au geôlier un livre quelconque pour se distraire : on lui apporta l'*Apparecchio alla morte* de Liguori, la *Préparation à la mort,* et il l'a lu et relu. Le prisonnier que je vous présente a beaucoup souffert : il s'appelle Charles Paya et a même été un peu condamné sous la République pour je ne sais quelle complicité morale; mais si vous ne partagez pas les idées auxquelles il a sacrifié sa fortune et sa santé sans proférer une plainte, rassurez-vous, il ne vient pas dans la brochure qu'il publie, sous ce titre : *Un prisonnier du Pape*, essayer de vous faire partager ses opinions. Toutes les opinions désintéressées et qui se tiennent dans les limites de la loi sont respectables; mais il s'agit non pas de vos opinions ou de celles de M. Paya, mais d'un coup d'œil jeté sur le régime pénitentiaire des États romains. On a beaucoup écrit pour ou contre les prisons pontificales. M. Paya a un avantage sur ses devanciers : il a de ce qu'il raconte une expérience personnelle; il a mangé le pain noir et bu l'eau saumâtre de San Michele, il a dormi sur la paille et sous la couverture du pouvoir temporel, pour s'être permis d'aller à Rome avec l'intention d'écrire au *Siècle* sur la question romaine, comme il avait écrit de Naples sur la question napolitaine.

Malheureusement pour M. Paya, les autorités papales ont un personnel d'espions très nombreux et très répandus. On avait su que M. Paya avait rencontré dans je ne sais quelle ville d'Italie, à Naples, je crois, le triumvir Mazzini; donc, s'il ne venait à Rome comme agent de Mazzini, il pouvait du moins en être véhémentement soupçonné; et attendu qu'aux yeux de la police romaine un simple soupçon est une preuve avérée, il n'en fallut pas davantage pour que M. Paya fût jeté en prison, mis au secret et menacé d'un procès dans toutes les formes. Cependant l'absence de preuves de culpabilité était telle qu'après 22 jours d'une captivité des plus dures, malgré la ferme volonté de découvrir un corps de délit quelconque, il fallut se décider à mettre en liberté ce prisonnier français, en le reconduisant, bien entendu, jusqu'à la frontière.

C'est l'histoire de cette captivité arbitraire que M. Paya vient vous raconter dans sa brochure. Or, si, après avoir lu ces détails, vous avez envie de faire le voyage de Rome, je vous paierai du vin blanc d'Orvieto, sans exiger de vous que vous communiiez à Pâques, comme on l'exige des prisonniers à Rome, en promettant aux récalcitrants une demi-fiaschette de vin blanc, ou même une fiaschette tout entière, lorsqu'une excessive résistance commande d'excessives largesses.

Il faut du reste lire tous les détails de l'incarcération, de l'interrogatoire et de l'élargissement de M. Paya, pour avoir une juste idée de cette inquisition, fille du confessionnal, qui emploie la candeur, la perfidie et fait jouer tous les ressorts, non pas pour découvrir la vérité, mais pour trouver un coupable. Sa brochure est une pièce importante au procès qui s'instruit en ce moment contre le temporel des papes.

Mais je ne finirai pas sans faire remarquer que M. Paya se plaint d'avoir écrit ou fait écrire à l'ambassadeur, M. de Gramont, pour réclamer sa protection, sans en avoir jamais obtenu de réponse. Ce n'est ni à vous, ni à moi de scruter les motifs de la conduite de l'agent supérieur du gouvernement français à Rome; mais le devoir des hommes qui écrivent dans un journal est de signaler les points sur lesquels notre diplomatie laisse quelque chose à désirer. Or, il est certain qu'à l'étranger notre gouvernement passe, à tort ou à raison, pour être moins soucieux de ses nationaux que le gouvernement anglais. Peut-être celui-ci protége-t-il trop les siens, peut-être les nôtres ne sont-ils pas assez impartialement couverts de la protection du drapeau. C'est une observation que je soumets respectueusement à ceux qui ont la main à la hampe de ce drapeau, et qui ont le droit de dire à tout le monde : « Découvrez-vous et n'y touchez pas. »

HENRI FERRIER.

La Presse. — Sous ce titre : *Un Prisonnier du Pape*, la librairie Chabot-Fontenay publie une brochure qui n'est pas la pièce la moins curieuse du procès qui s'instruit en Europe contre le gouvernement romain. Dans cette brochure, M. Charles Paya, auteur de plusieurs ouvrages remarquables et instructifs sur les hommes et les affaires d'Italie, retrace avec une énergique simplicité les violences dont il a été le témoin et la victime. Son écrit est court, substantiel, constamment intéressant. On y trouve une grande affection pour l'Italie, un grand amour de la liberté et un talent digne de ces nobles sentiments.

J. Mahias.

Le *Popolo d'Italia.* — Le gouvernement du pape en perdant son territoire n'a jamais oublié les prisonniers politiques, qui maintenant sont tous enfouis dans les prisons de la capitale. Le sentiment de la vengeance, que les prélats romains appellent justice, vit dans leurs cœurs immortels.

Petroni et ses amis gémissent maintenant à san Michele. Le Pape n'est-il pas libre ?...

M. Charles Paya, correspondant du *Siècle*, qui naguère encore vivait à Naples, s'étant rendu à Rome, a été perquisitionné dans sa chambre et conduit dans les cachots de San Michele. Vieilli dans les luttes de la liberté et de la presse, coupable de plusieurs livres, et, parmi les autres, d'une étude sur Garibaldi, c'est un homme de bûcher. Les mauvais temps ont éteint le feu de la sainte Inquisition, et l'on ne peut plus qu'encelluler...

Le *Charivari.* — Il vient de paraître une brochure intitulée : *Un Prisonnier du Pape*, par M. Charles Paya. L'auteur, correspondant du *Siècle* en Italie, fut arrêté à Rome le 22 mars dernier et retenu à la prison San Michele jusqu'au 12 avril, sans motif sérieux, sans jugement, et relâché, comme il avait été arrêté, sans trop savoir pourquoi ni comment. Il ne sortit de prison, cela va sans dire, que pour être expulsé des États-Romains. C'est l'histoire de son arrestation et de sa détention que M. Ch. Paya raconte dans une petite brochure remplie de détails curieux et caractéristiques.

Quoiqu'il y ait peu de choses à apprendre sur le régime des prisons romaines et sur l'arbitraire administratif du gouvernement pontifical, la relation de M. Paya contient encore des révélations piquantes à cet égard ; mais le plus instructif en cette affaire c'est de voir la façon dont les intérêts et la personne des citoyens français sont protégés dans une ville occupée et gardée par une armée française qui a restauré le pape et sans laquelle le pouvoir temporel n'existerait plus depuis longtemps.

Lors de son arrestation, M. Paya demande à écrire à l'ambassadeur de France, M. le duc de Gramont ; on ne veut pas le lui permettre. Plus tard il renouvelle plusieurs fois cette demande, même refus. On finit cependant par consentir à ce qu'il écrive, à la condition que sa lettre sera remise décachetée au directeur de la prison. Ainsi voilà la police romaine qui ose mettre la main sur une correspondance adressée à notre ambassadeur. Justement blessé dans sa dignité de Français d'une prétention aussi insolente, le détenu refuse d'user de la permission. Au sortir de la prison il est conduit au chemin de fer et part pour Civita-Vecchia sous l'escorte de deux gendarmes, sans avoir pu entrer en communication avec personne de l'ambassade ni de la police française. On dit seulement à M. Paya que M. de Gramont avait été averti de son arrestation et que les pièces de son procès avaient été envoyées à M. Mangin, le chef de la police. Mais comment se fait-il que l'ambassadeur et M. Mangin s'en soient rapportés absolument à cette procédure dérisoire et n'aient pas daigné entendre au moins les explications d'un prisonnier que sa qualité de Français plaçait naturellement sons sa protection.

Un Italien disait à ce sujet à M. Paya : « Une croyance commune veut que le gouvernement français, très susceptible quand on touche à la nation, ait peu de sollicitude pour les individus, et de là l'apathie de ses agents à l'étranger. L'Angleterre considère toute injure faite à un individu comme une injure faite au corps, mais la France, on ne sait pourquoi, n'a pas la même idée. A tort ou à raison le pape et les cardinaux se figurent qu'ils n'ont rien à craindre d'un déni de justice envers un Français, et c'est pour cela qu'ils ont mis si peu de façons à vous arrêter : si vous eussiez été Anglais, ils auraient eu garde de vous toucher un cheveu de la tête. »

Tels sont les faits relatés dans la très curieuse brochure de M. Paya. Ils sont très graves en ce qu'ils montrent qu'il n'y a aucune sécurité personnelle pour nos nationaux à Rome, livrés par l'indifférence de nos agents au mauvais vouloir et à l'arbitraire de l'administration pontificale. Clément CARAGUEL.

Le Salut Public. — L'éditeur Chabot-Fontenay a fait paraître aujourd'hui le récit plein d'intérêt de la captivité d'*Un Prisonnier du Pape.* L'auteur et le héros du livre est M. Charles Paya, qui avait été arrêté il y a trois mois à Rome, parce qu'il envoyait à un journal de Paris des correspondances qui n'avaient pas le don de plaire à certains membres du Sacré-Collége. A. RIGAULT.

Le *Nazionale.* — La police romaine, qui ne respecte ni la liberté, ni la vie, ni la pudeur des femmes, a arrêté M. Paya à Rome, et l'a conduit dans la prison de san Michele.

M. Paya n'est pas seulement notre ami, mais il est l'ami de l'Italie, qu'il a toujours défendue par ses écrits, et qu'il aime comme une seconde patrie.

Il appartient à ce bataillon choisi d'écrivains, de principes et de foi libéraux, qui représentent la vraie France, et qui nous vengent des insultes et des calomnies que, sous des prétextes religieux, lancent contre nous les défenseurs du droit divin de la sainte alliance, qui, ne pouvant exhaler la bile de leur défaite contre le chef... n'ont pas honte de s'acharner comme des lions contre une nation qui se débat pour renaître.

Et la Cour romaine profite de l'appui des baïonnettes françaises pour insulter l'honneur de la France dans un de ses concitoyens! Elle, qui sans le secours de ces baïonnettes serait contrainte de se jeter à genoux pour implorer la pitié et calmer la juste et sainte indignation du peuple romain, elle se fait forte du secours étranger, des compagnons d'armes des soldats de Magenta, pour emprisonner un compatriote des héros de Solférino!

Les turpitudes du gouvernement pontifical sont devenues proverbiales; le monde civilisé en est scandalisé; et alors nous ne devons point nous étonner si dans son bonheur d'arrêter et de tourmenter elle ne tient aucun compte de la gratitude qu'elle doit à la France, à la générosité de laquelle elle est redevable de tous les moments de son existence.

Ce qui nous étonnerait c'est que l'ambassadeur français prévenu n'ait point voulu se mêler de cette affaire. Nous ne voulons pas croire que cela soit vrai.

Quoi qu'il en soit, il est une puissance que la Cour pontificale n'est pas habituée à respecter, mais qui se fait respecter d'elle-même : c'est celle de la presse ; et nous, au nom du droit, au nom de la mémoire des héros morts sur les champs lombards pour la défense de l'Italie, au nom de la mémoire de Manin, qui trouva en France une hospitalité sûre, quand il était exilé et proscrit de la malheureuse Venise, nous protestons en faveur d'un illustre écrivain, et nous sommes certains que tous nos confrères ne manqueront point de faire la même chose. *

L'Opinion nationale. — C'est un curieux chapitre, c'est un épisode très instructif de l'histoire du gouvernement pontifical que M. Charles Paya vient de publier chez Chabot-Fontenay sous ce titre : *Un Prisonnier du Pape.*

M. Charles Paya est, comme on sait, un écrivain distingué du parti libéral. Son excellente *Histoire de Naples de* 1130 *à* 1857, rédigée dans le sens démocratique ; son *Histoire illustrée de Garibaldi* et son volume sur l'*Origine de la Papauté*, n'étaient pas de nature à lui ménager à Rome un bon accueil. Il se décida pourtant à visiter la ville éternelle et s'embarqua à Naples le 10 mars 1861.

Ses tribulations commencèrent dès qu'il eut mis le pied sur le territoire pontifical, à Civita-Vecchia. La police le tracassa, sa bourse éprouva de rudes atteintes ; il n'était encore que dans le purgatoire, et bientôt il arriva dans la ville sainte que Dante a, dit-on, désignée dans son enfer sous le nom de *Malebolge.* Le 22 mars, il était arrêté sans aucune raison plausible, et on le conduisit à la prison de *San-Michele.*

La France, pourtant, occupait Rome pour protéger le gouvernement pontifical, et nous avions là un ambassadeur. M. Paya voulut lui écrire. La police lui refusa cette faveur, et les portes de la prison se refermèrent derrière lui. Il fut mis au secret dans une chambre, un trou, pour dire le mot, où le soleil n'avait jamais envoyé le plus pâle de ses rayons, et dont on lui fit payer d'avance le loyer, à raison de cinq baiocchi par jour.

A part certaines taquineries, le manque d'air, les interrogatoires, etc., notre compatriote fut traité avec une douceur exceptionnelle. Mais, ce qu'il faut lire dans sa brochure, c'est le régime des prisons pontificales qu'il a pu étudier sur place. Ajoutons, pour terminer, que M. Paya fut mis en liberté le 12 avril et expédié immédiatement sur Civita-Vecchia, où on le fit embarquer pour Livourne. Alex. Bonneau.

La *Nuova Europa.* — M. Charles Paya, auteur d'une belle et récente histoire de Naples, et d'autres ouvrages politiques inspirés par un grand amour pour l'Italie, vient de Rome, où il a été tenu VINGT-DEUX JOURS EN PRISON, pour le seul délit d'être correspondant du *Siècle.* Il a publié un opuscule, dans lequel sont racontées, et les duretés auxquelles il a été soumis, et beaucoup de particularités sur les prisons de Rome, où gémissent encore plus de deux cents condamnés politiques. Il y a des choses à faire dresser les cheveux, mais nous voulons que lui-même en soit le narrateur à la France et à toute l'Europe.

L'opuscule de M. Paya montre qu'un vrai Spielberg existe dans la métropole du monde catholique, à l'ombre du drapeau français. Est-il possible que les vainqueurs de Magenta et de Solferino donnent plus longuement appui à l'horrible massacre que l'inquisition romaine fait de ceux qui désirent l'indépendance de l'Italie ? M. Paya a été délivré et escorté à Civita-Vecchia, sans avoir pu, ni durant son emprisonnement, ni avant son départ, parler avec son ambassadeur. *

L'Écho du Nord. — Depuis longtemps, permettez-moi de vous le dire, je caresse secrètement le désir de faire un voyage à Rome, et, si j'y allais, ce serait autant pour avoir le plaisir d'envoyer à l'*Echo* mes impressions de voyage que pour ma propre et personnelle satisfaction. Mais j'ouvre à l'instant une brochure : *Un Prisonnier du Pape*, par J.-B. Charles Paya, et, après lecture, je viens vous dire franchement que mes ardeurs de pérégrination romaine se trouvent singulièrement calmées. M. Charles Paya, ancien condamné de la haute cour de Versailles, pour complicité morale, devait être naturellement suspect à la police romaine ; et par cela seul qu'il était allé à Rome en qualité de correspondant du *Siècle*, on l'a emprisonné et gardé au secret à *San-Michele*, le Mazas de Rome, pendant vingt-deux jours, parce qu'il est le collaborateur de M. Havin et de M. Jourdan, et qu'il a eu occasion de saluer Mazzini et de lui dire quelques mots en passant.

Vous allez peut-être m'objecter que M. Paya ayant une notoriété républicaine et démocratique assez grande, il n'est pas étonnant qu'il ait été surveillé à Rome et même qu'il n'ait pas trouvé dans l'ambassadeur français la protection qui ne manque pas, sans doute, aux voyageurs français étrangers à la politique; mais le hasard fait qu'aujourd'hui même j'ai rencontré une personne qui arrive d'Italie, qui est allée jusqu'aux portes de Rome sans oser y entrer, tant le gouvernement pontifical est devenu ombrageux, et cette personne n'est certes pas, comme M. Paya, un *vecchio cavallo* du parti démocratique, comme on l'appelait à *San-Michele*.

Je ferai mon voyage à Rome quand le sanfédisme aura disparu; quand je pourrai dormir dans un hôtel près du Corso, sans être exposé à être dévalisé par les facchini, à recevoir dans les cafés un coup de stylet politique et à avoir sans cesse sur mes talons la vermine policière des monsignori; en un mot, lorsque Rome sera la capitale du nouveau royaume d'Italie. Jusque-là, je m'abstiens. Le récit des tribulations de M. Paya est bien fait pour entretenir en moi ce sentiment de répulsion qu'avaient fait naître et les rapports de M. Gladstone et les livres de M. About sur la question romaine.

Les accusés politiques ne peuvent avoir que des avocats d'office qui sont les premiers à vendre leur client à la police.

Il est bien rare qu'à Rome un Anglais soit exposé aux désagréments auxquels les Français n'échappent point, bien que le gouvernement clérical ne soit debout que grâce à la protection de nos baïonnettes; cela vient de ce que le gouvernement anglais attache autant d'importance aux personnes qu'aux choses, et se tient offensé aussi bien par une insulte faite à un de ses nationaux qu'au drapeau. C'est la tradition de l'ancien *Civis sum Romanus*, dont le souvenir n'apparaît que dans l'attitude mélancolique et fière du *transteverino*, mais qui s'est atrophié au contact mielleux, hypocrite et inquisitorial des monsignori.

En somme, le récit de l'odyssée romaine de M. Paya, fait d'ailleurs avec un calme parfait, est une page de plus aux nombreux griefs qui condamnent le mélange hétérogène du pouvoir spirituel et du pouvoir temporel.

H. F.

Le Temps. — 1° Le gouvernement romain n'emprisonne que sur des preuves irréfutables, et nulle part la liberté individuelle n'est entourée de plus de respect; 2° l'incarcération admise, il n'y a point au monde de système pénitentiaire plus doux et plus paternel. Voilà deux des aphorismes qu'on est sûr de retrouver dans tous les panégyriques de la justice romaine, et auxquels la double publication de M. Paya enlève sans retour toute vraisemblance.

M. Paya était, en Italie, le correspondant du *Siècle*, et il est bon de remarquer que ses correspondances étaient signées. Muni d'un passeport, et en règle avec toutes les autorités qui, dans les États romains, multiplient les barrières devant les voyageurs, M. Paya alla à Rome. Mais il paraît que l'inoffensif correspondant avait, au su de la police romaine, commis un gros crime. Il avait rencontré une fois à Naples et salué M. Mazzini; de là à être un agent du célèbre agitateur, il y aurait eu bien loin pour une police moins prompte en ses élastiques raisonnements. M. Paya fut bel et bien et prestement incarcéré. Après une longue détention préventive, M. Paya fut tout naturellement relâché, non sans avoir eu le temps d'étudier sur le vif le régime des prisons papales.

C'est sur ce régime à l'étude que sa seconde brochure apporte des documents nouveaux, animés par les mémoires et les souvenirs d'un prisonnier célèbre: l'avocat et docteur Vincent de Tergolina.

Ces deux publications joignent aux éléments d'intérêt que nous venons de signaler le mérite de vues justes sur l'administration des États romains, jugée par son mécanisme judiciaire. Il ne faut pas oublier en lisant ces brochures rapides et mouvementées ce te parole de Montesquieu, qui peut à bon droit leur servir d'épigraphe : « La bonté d'un » gouvernement se mesure au degré de sécurité qu'éprouve le citoyen » pour sa liberté individuelle. » A. HÉBRARD.

Revue Nationale. — Au commencement du mois de mars dernier, M. Charles Paya, correspondant du *Siècle* en Italie, arrivait à Rome et s'installait paisiblement à l'hôtel de la Minerve. Il se proposait d'y séjourner deux ou trois mois ; mais il avait compté sans la police romaine. Le 22 au matin des sbires pénètrent dans sa chambre, et s'y livrent, malgré les protestations du voyageur, à une perquisition minutieuse ; puis ils font main basse sur les papiers, les livres et l'argent de M. Paya, qui ne les a jamais revus, et ils emmènent M. Paya lui-même à la prison de San-Michele. En vain M. Paya prouve qu'il est muni d'un passeport en règle, en vain il cherche à connaître le motif de son arrestation, en vain il se réclame de l'ambassadeur français, son protecteur naturel ; on dédaigne tout ce qu'il peut dire et on l'enferme sans autre explication, dans une cellule étroite, infecte. Ce n'est qu'après l'y avoir laissé souffrir durant vingt-deux jours qu'on charge deux gendarmes de le conduire à Civita-Vecchia, et de l'embarquer pour Livourne.

Nous avons résumé en quelques lignes la brochure de M. Paya qui a pour titre : *Un prisonnier du pape*, et qui sera lue, nous n'en doutons pas, avec un vif intérêt, car elle jette une lumière nouvelle sur le gouvernement des cardinaux. Elle est, d'ailleurs, écrite avec une sincérité remarquable et sans déclamation, ce qui ne peut qu'ajouter aux nombreux éléments d'intérêt que l'auteur a mis en œuvre. A. ARNOULD.

Il Corriere delle Marche. — Nous avons parcouru avec beaucoup d'intérêt un petit livre que M. Charles Paya intitule : *Un Prisonnier du Pape.* Avec une exactitude scrupuleuse, et un style facile et elégant, l'auteur raconte la captivité qu'il a soufferte à Rome dans la prison politique de San-Michele.

Celui qui désire se faire une juste idée de la procédure policière papale, du mode employé envers les prisonniers politiques, et des prisons politiques elles-mêmes, n'a qu'à lire ces pages. Il peut compter avec certitude qu'il y trouvera tout ce qui peut concourir à satisfaire ses désirs.

M. Paya appartient à cette classe élue de Français qui aiment sincèrement l'Italie, et qui l'ont toujours suivie dans ses malheurs et dans ses joies. Partisan passionné de la liberté sociale la plus étendue, comme celle d'où doit procéder le progrès humain, il voit dans Rome son antique origine, et il espère que dans ses murs pourra renaître la civilisation, de manière à répandre ses splendides bienfaits sur cette terre classique, arène jusqu'ici de luttes citadines, et proie des tyrans indigènes et étrangers.

Nous envoyons à M. Paya un salut fraternel, et le témoignage de notre cordiale reconnaissance. *

LES PRISONS PAPALES.

La Presse. — La librairie Chabot-Fontenay met en vente aujourd'hui *Les Prisons papales.* C'est une nouvelle brochure de M. Charles Paya, qui publiait, il y a quelques jours, *Un Prisonnier du pape.* M. Paya a longtemps vécu en Italie ; il l'a étudiée sous tous les aspects ; il en connaît à fond les hommes et les choses, et peu d'écrivains, dans ces derniers temps, en ont parlé d'une manière plus saisissante et plus instructive. La cause de l'absolutisme n'a pas de plus ardent adversaire, la cause de l'indépendance de plus chaud défenseur.

Nous aurons peut-être occasion de parler de la nouvelle brochure de M. Paya; nous en détachons aujourd'hui les passages que voici. — (Suit une citation de plusieurs colonnes.) J. MAHIAS.

Courrier de la Rochelle. — Vous n'avez pas oublié le petit écrit où M. Charles Paya raconte ses vingt-deux jours de prison à San-Michele, à Rome, pour le fait seul d'être arrivé dans cette ville avec l'intention d'adresser au *Siècle* quelques lettres politiques. M. Charles Paya, qui est en outre auteur d'une histoire de Naples et d'une biographie de Garibaldi, continue à faire pénétrer le grand jour de la publicité dans les cachots du gouvernement romain, par une nouvelle brochure intitulée *Les Prisons papales.*

Cette fois M. Paya raconte non plus ses souffrances, mais celles d'un magistrat de Venise, ami de Manin et de Garibaldi, coupable d'avoir cru, en 1848, aux déclarations libérales parties de Vienne et de Rome. Il est difficile de détacher une seule page de ce long martyrologe du juge vénitien, Vincent de Tergolina; tout se tient comme la chaîne par laquelle les prisonniers sont reliés les uns aux autres pendant leur sommeil. Néanmoins, je vous renvoie aux pages 59 et 60 si vous voulez savoir ce que c'est que la braga, le cavalleto, le collare (collier de fer), la mordacchia (pince au moyen de laquelle on tire la langue hors de la bouche du prisonnier pour le punir de quelques paroles téméraires contre la madone et les saints du paradis). Je vous renvoie également à la page 61, si vous voulez lire un épisode qu'on croirait emprunté aux visions de Dante. H. FERRIER.

Il Nomade. — L'auteur de deux opuscules, *Un Prisonnier du Pape* et *Les Prisons Papales*, est un des Français qui ont le mieux mérité de l'Italie, sur laquelle il a écrit avec la plus grande sympathie, pendant dix années de prison soufferte pour la liberté, de 1849 à 1859.

Condamné à la déportation, ou captivité perpétuelle, M. Paya ne voulut jamais demander grâce, et aussi ne fut-il libre qu'en vertu de l'amnistie générale du 15 août 1849. Ses principaux ouvrages sont : *Naples, de* 1130 *à* 1857, dans lequel est renfermée toute l'histoire de ces provinces depuis la conquête normande jusqu'à l'héroïque tentative de Pisacane; *De l'Origine de la Papauté*, travail plein de sens et d'érudition, et la *Vie de Garibaldi*, qui est peut-être le meilleur livre qui ait été publié en France sur le héros de Marsala et de Calatafimi.

M. Paya, dans les derniers jours de mai 1860, vint, sur mes instances, à Gênes, en qualité de correspondant du *Siècle*. Il partit ensuite avec moi pour Naples, le 13 juillet, et de là se rendit à Rome, sur la fin de l'hiver, malgré les avertissements de tous ses amis, qui ne manquèrent point de lui prédire tout ce que le mauvais gouvernement papal devait lui faire souffrir. Et de fait, peu de jours après son arrivée à Rome, M. Paya était happé par les policiers et conduit dans la fameuse prison de San-Michele, où il resta vingt-deux jours, sans que l'ambassade de France lui donnât le moindre signe de vie.

Cette capture était d'autant plus injuste, que M. Paya, en passant de Naples à Rome, ne s'était proposé d'autre but que celui de faire dans cette dernière ville ce qu'il avait fait à Naples et à Gênes, c'est-à-dire d'accomplir son devoir de correspondant du *Siècle*, ce qu'il faisait publiquement, en signant toujours ses lettres. Et aucun des papiers saisis par la police ne put servir à prouver les sottes accusations reprochées à M. Paya, de mazzinien et de conspirateur; si bien qu'après d'inutiles interrogatoires et pas mal de demandes insidieuses de la part des jugesinquisiteurs de la cour romaine, il fallut rendre le captif à la liberté, à condition, cependant, que, de la prison de San-Michele, il partirait directement pour Civita-Vecchia, et de Civita-Vecchia pour l'étranger.

M. Paya raconte très bien tout cela, dans le premier opuscule dont je recommande la lecture à quiconque conserverait encore quelque doute sur la nécessité de ravir au pape la puissance temporelle.

Dans la seconde brochure, notre auteur décrit le misérable sort d'un Vénitien, Vincent de Tergolina, ancien ami de Manin, et qui souffrit quatre années dans les horribles cachots du pape, quoiqu'il n'eût commis d'autre faute que celle d'aimer l'Italie et la liberté. Arrêté à Rome, le 7 octobre 1851, Tergolina était conduit à la prison de Montecitorio, et confondu avec les voleurs et les assassins ; de là à San-Michele, ensuite aux cachots dits de *Termini*, et finalement dans le fameux bagne de Paliano, d'où il sortait le 29 décembre 1854, après avoir souffert les plus affreux tourments. Relativement à ceux-ci, il me suffira de dire que l'horrible régime du Spielberg est un délice en comparaison de celui auquel sont soumis les prisonniers du pontife qui s'intitule vicaire de Jésus-Christ.

Que M. Paya soit loué pour avoir fait connaître au delà des monts les infamies du pire des gouvernements! J. RICCIARDI.

Le *Siècle.* — Dans les États laïques, on a pu dire avec raison que la loi est athée ; elle punit le coupable comme s'il ne devait pas être puni là-haut. Mais à Rome, où l'on professe le dogme des peines et des récompenses éternelles, on devait, à ce qu'il semblait, faire la part du supplice de l'enfer, et ne pas cumuler en punissant aussi sur la terre.

Eh bien, voici un Français qui est allé un jour à Rome pour satisfaire au devoir de ses fonctions de journaliste ; on l'a pris pour un émissaire politique, et on l'a jeté dans la prison de Saint-Michel, un *bien bel établissement*, comme disait le directeur de cette abominable geôle, une sorte d'établissement modèle. Or, voulez-vous savoir comment ce Français, pour lequel d'ailleurs on eut des égards, fut traité dans ce bien bel établissement pontifical ? Ecoutez :

« Je me trouvai, dit M. Charles Paya, dans un réduit plus étroit que » les cellules de Mazas. Ni l'air ni la lumière n'y entraient directement, » et depuis que la prison de San-Michele est bâtie, le soleil n'a pas » envoyé dans ce trou un de ses rayons. Aussi quoique la cellule n° 44 » soit située au troisième étage, les briques qui en recouvrent le sol » sont toujours visqueuses, et l'on n'a point passé cinq minutes dans » ce triste lieu qu'une humidité froide vous pénètre jusqu'aux os et ne » vous quitte plus. Un baquet en bois, qui est là nuit et jour, infecte » et corrompt l'atmosphère. Pour éviter l'asphyxie des prisonniers, l'ar- » chitecte a ménagé dans la partie la plus basse du mur, donnant sur » le dehors, une petite ouverture destinée à établir un courant d'air » avec une ouverture plus grande pratiquée à l'opposite. Mais quand on » est au secret, cette dernière ouverture est fermée par un volet forte- » ment verrouillé, et alors le prisonnier ne respire plus qu'un air vicié » et délétère. »

Tout le traitement du prisonnier était en rapport avec ce cachot infect. Pas de promenade, jamais d'air. Pour lieu de réunion, une chapelle qui était en même temps un lieu de récréation.

Notez que M. Charles Paya était un étranger, ayant des papiers très en règle, prévenu seulement d'être un émissaire politique ! Jugez par là de la façon dont doivent être traités les condamnés.

Il est vrai qu'à Rome un prévenu politique est considéré comme l'être le plus malfaisant de la création. Les juges ne se donnent même pas la peine de l'entendre, et on en a vu même le mettre en joue avec leurs mains à son entrée dans la salle pour lui signifier d'avance la mort. Un prévenu se plaignait d'être traité avec insolence. « Je ne suis pourtant, disait-il au magistrat instructeur, ni un voleur ni un assassin. — Tu es pire que cela », lui répondit-on.

Toutes les prisons pontificales sont plus ou moins en rapport avec celle de Saint-Michel. Point de matelas pour les prisonniers, point de draps de lit. Un malheureux, *Giuseppe del Prette*, arrêté en 1848 après l'affaire de Benevent, n'a pas couché dans des draps depuis treize ans. De lumière, on n'en a pas plus que de matelas et de draps de lit. Le prisonnier passe aini une partie de sa vie dans la plus affreuse obscurité.

Ailleurs, même dans les pays les moins civilisés, on prend pour directeurs des prisons des hommes qui ont reçu une certaine instruction, qui se font même une spécialité de l'étude des institutions pénitentiaires. A Rome ce sont d'anciens carabiniers pontificaux dont il n'y a rien à attendre. J'ai visité les prisons en Orient ; j'y ai vu donner aux prisonniers les soins les plus minutieux de la propreté. A Rome, rien de semblable : pas une étuve. pas une baignoire. Aussi l'on ne peut se représenter tous les genres de maladies qui attendent l'infortuné prisonnier !

Pour se rendre compte de ces maladies et des autres misères qui attendent le prisonnier pontifical, il faut lire dans M. Charles Paya les souffrances de l'avocat et docteur Vincent de Tergolina. Silvio Pellico et ses compagnons de douleur n'ont pas souffert davantage. Jamais récit ne fut ni plus touchant ni plus instructif. On se demande comment il est possible que la justice du ciel soit si lente à l'égard de bourreaux qui ont torturé cette victime. Ce que Tergolina a enduré, ce qu'il a vu, ce que raconte notre collaborateur, est tellement effrayant, qu'on ose à peine le reproduire. Les *balzes*, les *ceppi*, le *braga* sont des supplices monstrueux dont la cruauté et les insultes des geôliers augmentent encore l'horreur. Le gouvernement pontifical a fait aussi appliquer à ses prisonniers le *cavaletto*, le *collare* de fer et la *mordacchia*.

« En voyant de semblables cruautés, penserait-on qu'il s'agit de notre temps ! » s'écrie M. Charles Paya.

Non, et encore moins dirons-nous, qu'il s'agit de Rome, du gouvernement qui représente la religion de charité.

Mais qu'attendre de gens qui n'ont reculé devant aucune atrocité ; qui ont imaginé comme nous l'avons dit autrefois, l'expropriation paternelle pour cause de religion !

C'est quand les Romains seront enfin maîtres d'eux-mêmes, c'est quand la domination temporelle qui pèse aujourd'hui sur eux aura pris son terme que les révélations complètes arriveront, et le monde reculera d'horreur.

En attendant, M. Charles Paya a rendu un nouveau service à la civilisation en levant un coin du voile. Son petit livre fera le tour de l'Europe et passera les mers. Les bourreaux de Tergolina seront flétris comme l'ont été ceux de Sylvio Pellico. Léon PLÉE.

Causeries Politiques. — *La Presse.* — Nous avons récemment appelé l'attention de nos lecteurs sur deux brochures de M. Charles Paya, intitulées : l'une *Un Prisonnier du Pape*, l'autre *Les Prisons Papales*. L'infatigable auteur de ces brochures remarquables publie aujourd'hui, à la libraire Chabot-Fontenay, les *Causeries Politiques*. L'extrait suivant donnera une idée de l'intérêt que présente le nouvel opuscule de M. Paya.

Suit un extrait du *Catéchisme sur les Révolutions*, par les Jésuites de Naples.

J. MAHIAS.

Paris. Imp. FÉLIX MALTESTE et Ce, rue des Deux-Portes-St-Sauveur, 22.

Paris. — Imp. Félix Malteste et Cie, rue des Deux-Portes-St-Sauveur, 22.

www.ingramcontent.com/pod-product-compliance
Lightning Source LLC
LaVergne TN
LVHW050430160826
845677LV00002BA/633

* 9 7 8 2 3 2 9 6 8 1 9 1 7 *